詰んだ社会で生きるための
マーケティング思考

分不相応
のすすめ

永井竜之介
Ryunosuke Nagai

CROSS-POT

ま え が き

これくらいが、ちょうどいい

 自分はこれでもう充分

分をわきまえて、
背伸びはしすぎない方が良い

　こうした「分相応を良しとする言葉」を、日常の中でよく耳にする
でしょう。仕事でもプライベートでも、こうした言葉を自分で自分自
身に言い聞かせることもあると思います。自分が誰か別の人に対して
も使うし、周りの人たちから言われることもよくあるはずです。

　どれも良い意味の言葉に思えるかもしれません。しかし、もしそ
う思ったとしたら、あなたは無意識のうちに「分相応の呪縛」に囚わ
れているかもしれません。なぜなら、分相応を良しとする言葉は、じ
つは、人を挑戦できなくする「呪いの言葉」になることがあるからです。

　「自分なんて、どうせ……」「向いてないんで」と口ぐせのように言っ

3

てしまい、自分自身に対する期待値が低く、あきらめることに慣れてしまってはいないでしょうか。周りから見れば優秀なのに、ポテンシャルが高いのに、もっとできるはずなのに……。でも、自分ではどうしてもそう思えない。そんな経験はありませんか。

　「みんな、そうだから」「こういうものだから、仕方ない」とグチをこぼすだけで終わり、挑戦せずに、目をそらして現実逃避してしまってはいないでしょうか。

　失敗を怖がりすぎたり、先入観が邪魔をしたりして、我慢することに慣れてしまって、現状を維持することだけ考えていませんか。

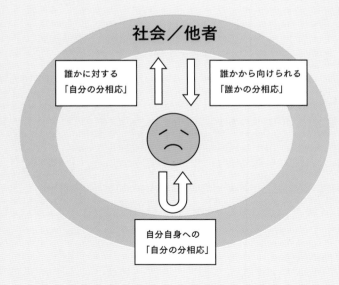

「自分にしては、よくやった方なので」「頑張ってはいるんだけど」と言い訳のようにつぶやいて、自分から挑戦の歩みをストップしてしまってはいないでしょうか。少し頑張ってみても、すぐにあきらめたり、すぐに満足したりしてしまって続けられず、自分のカラを破りきれないことに悩んでいませんか。

　こうしたさまざまな「分相応の呪縛」に苦しんでいる人が大勢います。そして、「分相応の呪縛」にまだ気づいていない人は、もっと沢山いることでしょう。呪縛に思い悩んで苦しんでいる人たち。あるいは、呪縛に気づかず、停滞を受け入れている人たち。

　彼らが、それぞれの現状を打開して、挑戦の一歩を踏み出す。その助けになることが、この本の役目です。

　分相応の呪縛に囚われてしまって、挑戦できない。でも、それは、あなたのせいではありません。あなたに問題があるわけではなく、じつは「文化のせい」です。
　日本の文化は、もちろん良いところも沢山持っていますが、人々を挑戦・成長・飛躍から遠ざけてしまう側面も確かにあることが、研究で明らかになっています。

　分相応というものについて、知識として学び（Chapter 1）、自分事として自覚したうえで（Chapter 2）、分不相応な挑戦を試してみて（Chapter 3）、その積み重ねで「分不相応な自分」へ変わっていく（Chapter 4）ことは、誰にとっても可能です。

誰もが、分不相応に変わることができます。

　この本は、前から順番に読み進めていってもらうことで、学び、納得し、実践していけるように作られています。また、テーマごと、自分に刺さるフレーズごとに、つまみ食いをしても、共感しながら面白く読んでもらうことができると思います。
　ぜひ、本として楽しみながら、自分自身のために役立ててもらえれば、著者として嬉しい限りです。

　『分不相応のすすめ』は、人を科学するマーケティングの知見を使って、一人ひとりが「分不相応」になるためのマインドやアクションを読者へ届ける1冊です。

　私の恩師である早稲田大学名誉教授の永井猛先生は、「人を知らないとマーケティングはできない」「多くのマーケターが、あまりに人を知らなすぎる」とよく仰っていました。
　その意味において、この本は、マーケティングに興味のある方にもおすすめしたい1冊です。専門用語が並んでいて小難しい、表層的なマーケティングではなく、より本質的で、より面白い、人を解き明かすマーケティング思考を楽しみながら学んでもらえたら幸いです。

「分相応の壁」を越える4STEP

Chapter 1　分相応を学ぶ

....
→知識として知る

⬇

Chapter 2　分相応に気づく

....
→自分事として自覚する

⬇

Chapter 3　分不相応を試す

....
→試しに、やってみる

⬇

Chapter 4　分不相応に変わる

....
→続けることで自分を変える

CONTENTS

Chapter 2　分相応に気づく

Chapter 3　分不相応を試す

Chapter 4　分不相応に変わる

Epilogue

「人に迷惑をかけない」は どれくらい大事？

人に迷惑をかけないように

　この言葉を、当たり前のように色々な場面で耳にします。「他人様（ひとさま）に迷惑をかけないように」「家ではいいけど、外ではちゃんとして」と言われ、社会や公共の場で、モラルやマナー、ルールを守ることを多くの人が大事にしています。

　何をするにも、自分や家族といった「身内」の手が届く範囲で、自分たちの責任の内側で収まるように心がけるでしょう。

　もちろん職場でも、できるだけ迷惑をかけないようにします。上司や先輩など、目上の人に迷惑はかけられません。対等な関係やライバル的な関係にある同僚にも、迷惑はかけたくありません。自分がリードしてあげる立場にある後輩には、なおのこと迷惑はかけるべきではありません。

　取引先や「お客様」に迷惑をかけるなんて、もってのほかです。だから、誰にも迷惑をかけないように、仕事で「ミスしない」ばかりが重視されていくわけです。

「迷惑をかけないように」はどんどんエスカレートしていくことがあります。プライベートの友人にも、迷惑はかけたくありません。さらに「家族に迷惑はかけられない」までいってしまうと、もう誰にも迷惑をかけられなくなります。

　そうして、何をするにも自己責任で、1人でビクビクしてしまい、働きにくく、生きづらくなるのです。

色々な「迷惑をかけない」に押しつぶされる私たち

「他人様に迷惑をかけないように」

「目上の人に迷惑はかけられない」

「同僚に迷惑はかけたくない」

「後輩に迷惑はかけるべきじゃない」

「取引先に迷惑をかけるなんて、
　あってはならない」

「友人に迷惑はかけたくない」

「家族に迷惑はかけられない」

日本人にだけ刺さるナレーション
VISA の「後ろを待たせない！」

　VISA のクレジットカード「タッチ決済」を知っているでしょうか。IC チップの付いたクレジットカードを使うことで、カードを読み込んだり、暗証番号を入力したりする必要なく、端末にカードをタッチするだけですぐに支払いを完了できるサービスです。

　カードを不正に読み込まれることも、暗証番号を誰かに見られることもなく、安心・安全で、しかも手軽で速く、これまで以上に買い物をスムーズにできます。

　その CM では、さまざまな場面でスムーズな支払いに満足するユーザーの様子が描かれていますが、コンビニ篇※1 では、コンビニのレジでタッチ決済を利用する場面で、このような明るいナレーションが入ります。

　「タッチするだけだから、後ろを待たせない！」

　タッチ決済で、素早く支払いができるため、会計待ちの行列の後ろに並ぶ人に迷惑をかけずに済むことを、サービスのメリットとして強調する内容です。

　この「お店で、見ず知らずの他人に迷惑をかけずに済む！」が、新サービスの大きなメリットとして評価されるのは、世界中を探しても日

14

本くらいなものです。

　日本の人々は、自分が周囲に与える悪影響を気にしすぎで、周囲が自分をどう見ているかも気にしすぎだからです。その特殊性、悪くいえば異常性を、あなたはどれくらい認識できているでしょうか。

　「人に迷惑をかけない」は、もちろん間違った教訓ではありませんが、本当にそんなに大事なことでしょうか。

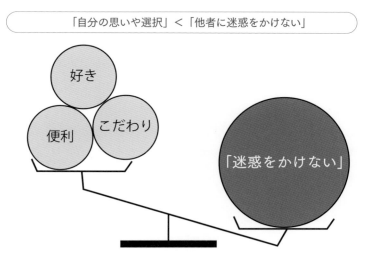

「自分の思いや選択」＜「他者に迷惑をかけない」

好き

こだわり

便利

「迷惑をかけない」

※1　VISA のタッチ決済「コンビニ篇」は、2021 年 12 月 22 日（水）からテレビやオンラインで公開された動画広告。

「人を科学する」マーケティング

なんか危なそう

日本では、こう思われてしまったらアウトです。

「なんか危なそう」な新商品は、本当は素晴らしいモノだとしても、なかなか消費者の手に取ってもらえません。

「なんか危なそう」なベンチャー企業は、じつは将来有望な会社でも、人材から就職先や転職先として選ばれにくくなってしまいます。

「すごい」「面白い」「斬新」よりも、「みんなが知っていて」「信頼できて」「ちゃんと安心できる」選択肢が好まれる、というのは日本ならではの特徴の１つです。

このような人の特徴、価値観、考え方、行動などを明らかにする「人を科学する学問」として、マーケティングがあります。マーケティングと聞くと、ビジネスを成功させる方程式のように思われるかもしれませんが、じつは人の心理や行動を解き明かす学問です。

なぜなら、ビジネスは、作り手も受け手も人だからです。

新しいアイデアを思いついて企画化し、ヒト・モノ・カネを動かし

て実現していく……。ビジネスを作る道のりは、すべて人（ビジネスパーソン）が考え、行動することで進んでいきます。

　また、そうして作られた商品やブランド、広告などを見て、好きになったり嫌いになったりと反応し、買うかどうかや、賛否のクチコミなど、判断・行動をするのも人（消費者）です。

　だから、マーケティングは、「どんなビジネスパーソンが仕事の生産性や創造性を高められるか」「どういった組織のパフォーマンスが優れているか」「消費者は何を考え、どう動くか」など、人を解き明かすことで、初めてビジネスを分析できるものです。

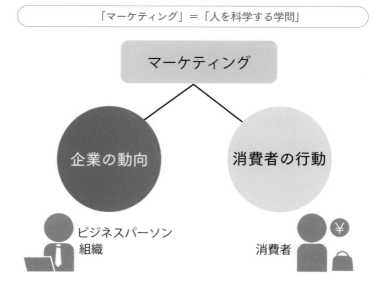

「マーケティング」＝「人を科学する学問」

マーケティング

企業の動向

消費者の行動

ビジネスパーソン
組織

消費者

なぜ日本は「キャッシュレス後進国」になった？

　例として、日本のキャッシュレス決済について取り上げてみましょう。日本のキャッシュレス決済の比率は2022年に36%[※2]になりましたが、これは先進国の中でじつは最低水準です。

　欧米諸国や中国・韓国などでは、すでに50%を超え、80～90%以上の国も少なくありません。どうして日本の普及はこんなにも遅れてしまったのでしょうか。

　その大きな原因は、サービス開始当初に「なんか危なそう」と、特に中高年層に思われてしまった点にあります。日本の各種Payは、サービス開始当初、〇%オフやキャッシュバックのキャンペーンで「お得」をアピールしましたが、利用できる店が限られました。

　キャンペーンや店に応じて何種類も使い分ける必要があり、Payは「お得だけど不便」なものでした。さらに、多くのPayがシステム障害で決済できなくなるトラブルを起こしました。

　その結果、もともとリスク回避を選びやすい、多くの日本の消費者の中で、「Payはまだ信用できない」という印象が作られてしまいました。

　日本のキャッシュレス決済は、「お得だけど、まだ安全ではなく、少し不便」なサービスとして印象付けられたことで普及が遅れています。加えて、日本は海外と比べて、駅やコンビニにATMが普及していて現金の出し入れが簡単で、SUICAなどの便利な交通系タッチ決済がすでに浸透しています。

だから、「現金と同じく安全で、SUICA と同じく便利で、なおかつ Pay の方がお得」という高いハードルを乗り越えなければ、普及が進みにくいという難しさもあるのです

「なんか危なそう」で停滞する日本のテクノロジー

モバイルオーダー

スマートスピーカー　　ビットコイン

NFT

自動運転　　　　　　IoT

キャッシュレス

メタバース　　　　生成 AI

「なんか危なそう」

※2　経済産業省「ニュースリリース　2022 年のキャッシュレス決済比率を算出しました」を参照。

本当は美徳じゃない「分相応」

どうせムリ
もうこれで充分でしょ

　身分や能力にふさわしいことや、その様子を意味する「分相応」という意識は、日本の人や組織、社会において美徳として考えられやすいものです。

　自分の中にある分相応の意識は、「自分にはこれくらいでもう充分」と現状を受け入れたり、「これ以上を求めるのは分不相応」として境界線を引いたり、自分について考える１つのモノサシになります。

　また、「あの人は、いまの待遇にふさわしい」「あれは不当な優遇だ」など、自分の分相応の意識をもとに他人について考えることも、日常的に行われています。

　こうした「分相応」は、本当にいつでも美徳なのでしょうか。

　分相応を美徳として考えるとき、根拠のように出てくる言葉に「足るを知る」があります。これは、古代中国の哲学者、老子が遺した「知足者富、強行者有志」という言葉が語源とされています。

　確かに、この言葉の前半は、「満足することを知っているのが、真の心の豊かさ」を意味します。

しかし、後半には、「努力を続けることで、志（目標）を達成できる」という内容が続き、現状を受け入れたうえで努力を重ねていく大切さを表しています。

　つまり、「足るを知る」は、「自分の分をわきまえて、ないものねだりはせずに、現状に満足するだけでいい」といったニュアンスの言葉ではないのです。「挑戦や変化をあきらめた方が良いんだ」なんてメッセージはこめられていないわけです。

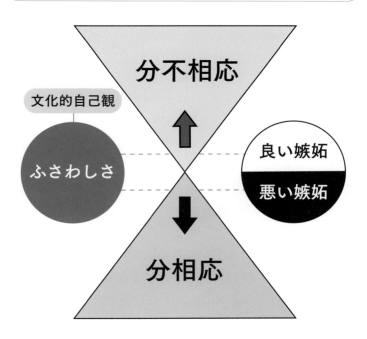

「分不相応」に変わるために知っておきたい関係図

分相応を「挑戦しない言い訳」にしない

ビジネスや仕事、働き方について考えるとき、分相応を美徳にしてしまうと、挑戦も成長も生まれなくなってしまいます。「(現状で) もう充分」と思って満足すれば、新しいアイデアも技術も出てきません。

「自分(たち)にできるのは、こんなもの」と考えれば、新たな挑戦はしなくなってしまうでしょう。リスクを避け、会社にとって安全で手堅い選択をする「身の丈経営」は、会社にとっての分相応です。

身の丈経営は、バブル崩壊以降の教訓として、多くの日本企業で重視されやすいものでしたが、経営の安定化には一定の効果を出した反面、革新や飛躍が生まれなくなった要因にもなっています。

今の自分に「ちょうどいい」と思える買い物ばかりをして、身の丈に合った商品・サービスを選ぶ「身の丈消費」は、消費者にとっての分相応です。合理的な身の丈消費は、それ自体が悪ではありませんが、さまざまなジャンルで「買い控え」に繋がり、消費の伸び悩みを招く要因の1つとなります。

ビジネスは「人の非合理性」の上に成り立つ

じつは多くのビジネスは、人の非合理的な欲求で成り立っています。「合理的に考えれば選ばなくていい」けど、非合理的に「楽しみたい」「好き」「こだわりたい」から、衣食住も娯楽も、ビジネスは幅広く成長していけるのです。

22

マーケティングの研究[※3] において、人は「自分にふさわしい」と感じられると、自分自身を甘やかす選択を正当化しやすくなって、怠惰になる傾向が明らかにされています。

　分相応は、「挑戦しない言い訳として使われる」という意味において、本当は美徳にすべきではないものです。

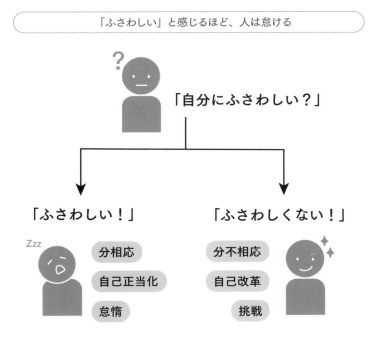

「ふさわしい」と感じるほど、人は怠ける

? 「自分にふさわしい？」

「ふさわしい！」
Zzz
分相応
自己正当化
怠惰

「ふさわしくない！」
分不相応
自己改革
挑戦

※3　Cavanaugh(2014) を参照。

「分不相応」を目指す大切さ

自分にはこれくらいが
ちょうどいい

　自分や他人、物事に対してふさわしさを求める分相応の意識は、なにも日本にだけあるものではありません。ただ、世界の中でも特別に、日本の人は「分相応の呪縛」に囚われやすい傾向があります。

　子どもの頃から、そして大人になってもずっと、自分や周りの分相応が邪魔をして、挑戦・成長・飛躍をしにくいのです。

　その原因が「じつは日本の文化にある」というのは盲点でしょう。私たちは、「自分」というものを文化の中で作っていきます。

　文化によって「自分」の考え方は違うもので、ある文化の中で歴史的に受け継がれて共有される、自分についての前提や状態、それに対する考えや常識のことを「文化的自己観」※4 と呼びます。

　日本で生まれ育ち、「日本らしさ」を持った人ほど、文化的自己観によって、無意識のうちに「分相応の呪縛」に囚われやすくなるのです。このことを知り、自覚したうえで、「分相応の壁」を乗り越えていくことは、すべての人にとって大切といっても過言ではありません。

「安定」の先にある、「ゆるやかな衰退」

　分相応は、安定という目標を目指すうえでは、必ずしも悪いものではないように思えるかもしれません。しかし、安定を目指しながら、実際には、硬直化や停滞を招き、ゆるやかな衰退を導いてしまうことが大半であるのが、多くの場合の現実となっています。

　日本全体のビジネスを考えてみれば、平成の「失われた30年」の間に硬直化と停滞を続け、今まさしくゆるやかな衰退を進行させているところです。国際経営開発研究所が毎年、調査・発表している「世界競争力ランキング2023」において、日本は過去最低となる35位（64カ国中）まで落ち込み、アジアでも11位（14カ国中）と低迷する結果が出ています。[5]

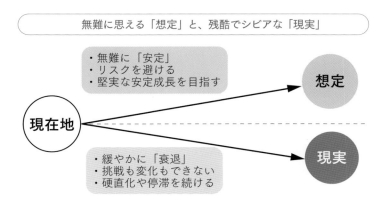

無難に思える「想定」と、残酷でシビアな「現実」

・無難に「安定」
・リスクを避ける
・堅実な安定成長を目指す

想定

現在地

・緩やかに「衰退」
・挑戦も変化もできない
・硬直化や停滞を続ける

現実

※5　BUSINESS INSIDER「日本の競争力は「過去最低」の世界35位。「世界競争力ランキング2023」衝撃の結果」を参照。

「これぐらいが自分にちょうどいい」は
次の挑戦を目指すサイン

　「これくらいが、ちょうどいい」を良しとする価値観の下では、リスクを取って挑戦したり、前例に縛られずに新しい取り組みを始めたりする選択肢は選ばれにくくなります。会社では、研究開発、商品企画、販売やプロモーション、あるいは新市場開拓や規模拡大など、いずれの場合でも、挑戦して飛躍を狙うことはできなくなっていきます。

　失敗するリスクを覚悟で、イノベーションや起業に挑戦することは、なおさら難しくなります。現在、そして少なくとも近い未来において、世界のビジネスの中心にいるのはアメリカと中国です。

　YouTube、Instagram、Twitter、Netflix、TikTok、Zoom[※6]など、日本で暮らす私たちの日常の多くは、この2つの国から生まれたサービスに支えられています。

　アメリカと中国の共通点は、新しく誕生したベンチャー企業が、デジタル分野で新たなイノベーションを生み出すことが大きな原動力となって飛躍を続けている点です。

「現状で、もう充分」
「これくらいが、ちょうどいい」
「少しくらい不満があっても我慢できる」
「みんな、そうしてるから」
「そういうものだから」

……こうした分相応を良しとする価値観からは、ベンチャーもイノベーションも生まれてはきません。

　人が何かに挑戦し、成長・飛躍していくためには、「分不相応を良しとする価値観」が大切になります。「今の自分には、これくらいがちょうどいい」と思ったら、それはもう一歩、次の挑戦に踏み出していいサインです。

「ちょうどいい」、だから次の挑戦に踏み出す

次の挑戦

「今の自分には、これくらいがちょうどいい」

現状維持

※6　Zoom は、中国山東省の出身の袁征（エリック・ユアン）さんが 2011 年にアメリカで創業したベンチャー企業によるサービス。

仕事はもっと面白くできる

× 仕事に意味なんてない

社会人として働きだして経験を重ねて20代後半になってくる頃、こうしたあきらめにも似た言葉を耳にし始めます。30代に入り、中堅と呼ばれる年齢を進んでいくにつれ、ますますこの言葉は増えていくでしょう。

仕事とは、組織で上から割り当てられるものであって、「仕事だから仕方ない」「そんなことができれば苦労はしない」「仕事を楽しむなんて理想論だ」といった言葉を周囲からも言われるし、自分でも自らに言い聞かせるようになっていきます。

「周りに合わせて、我慢して、リスクは避けながら、働く」……それだけが本当に正しいことでしょうか。それだけを続けていくことで、「夢も希望もない」「もう先が見えてる」「詰んでる」と感じて、どんどんと目線が下がっていき、うつむいて仕事をこなすようになってはいないでしょうか。

仕事の面白さをあきらめない

　仕事には、プライベートでは味わえない、「仕事でこそ味わえる面白さ」が確かにあります。その面白さをあきらめる必要はないはずです。
　自分の人生を充実させる、という意味においても、仕事の面白さはあきらめるべきではありません。息を押し殺して我慢するには、人生の中で仕事をする時間はあまりに長すぎるからです。

「詰んだ仕事」を続けるだけでは辛すぎる

「リスクを避ける」

「周囲に合わせる」

「仕方ない」

「我慢する」

「割り当てられた仕事をこなす」

知的好奇心とクリエイティビティは
もっと自由に発揮していい

「クリエイティブな仕事とクリエイティブでない仕事があるのではない。その仕事をクリエイティブにこなす人とクリエイティブにこなさない人間がいるだけだ。」 ※7

テレビ番組制作を手がけるテレビマンユニオンの初代社長、萩元晴彦さんのこの言葉は、多くの人にとって、希望をくれる明るい言葉にもなり、言い訳を封じられる厳しい言葉にもなることでしょう。

目の前の仕事で成果をあげる、数年ごとに部署が変わるジョブローテーションで働き続ける、出世競争を勝ち抜いて上を目指す、本業とは別に副業を始める、あるいは独立・起業する……。

仕事のどんな場面でも、「割り当てられた仕事をこなす」意識よりも、「仕事を自分で面白くする」「自分が面白い仕事を作る」意識を持てた方が、仕事を楽しんで、パフォーマンスを向上させることができます。

物事を面白がる「知的好奇心」と、面白さを生み出すために創意工夫をする「クリエイティビティ」は、もっと自由に発揮してもいいのです。

分不相応を目指し、挑戦・成長・飛躍を進めていく道のりには、色々な目標が立てられます。もっと収入を増やす、もっと社会的地位を高める、もっと賢くなる……。

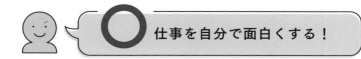

仕事を自分で面白くする！

　いろんな目標がある中で、本書では「もっと面白く働く」を目標として掲げます。「上昇志向を持とう」でも、「意識を高く持とう」でも、「ハードワークをしよう」でも、「楽をしよう」でもありません。

　「仕事を面白くしよう」、そのために分不相応を目指すのです。

　「仕事に意味なんてない」とあきらめずに、自分の仕事をもっと面白くするために、自分の分相応のカラを破り、分不相応に変わっていく。あなた自身のその挑戦の助けになるのが、この本の役目です。

> 自分の仕事を面白くするために、分不相応に変わる

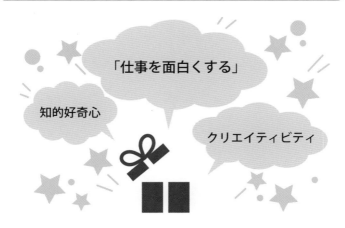

「仕事を面白くする」

知的好奇心

クリエイティビティ

※7　是枝・樋口（2016）を参照。

Chapter 1

分相応

知識として知る

を 学 ぶ

【 KEYWORD 】

- ふさわしさ

- 嫉妬

- 社会的陰謀

- 文化的自己観

- 相互協調的自己観

- 思考停止

- 失敗は恥

- 過剰適応

- 減点評価

- 無関心

「ズルい」と「すごい」の違いは「ふさわしさ」

**上手くいっているのは
どうせ今だけ**

知り合いでも、SNS やメディアでたまたま知った他人でも、何かで上手くいっている誰かを見たとき、あなたは「ズルい」と反射的に思ってしまうこともあれば、「すごい」と素直に思えることもあるでしょう。

私たちは、無意識のうちに「ズルい」と「すごい」を使い分けています。その境界線となっているのは、「ふさわしさ」です。

成功している、良い成果を出している、高く評価されて褒められている、羨ましいほどに良い待遇を受けている……。そうした好ましい状態が、その相手にふさわしいものだと思えるかどうかによって、「ズルい」と「すごい」は分かれます。この「ズルい」と「すごい」は、じつはどちらも嫉妬であることが研究で確認されています。[※8]

社会的陰謀を招く「悪い嫉妬」

嫉妬とは、何かで自分よりも上位にいる相手と、自分を比べてみて、悔しさを覚え、その相手と自分の差が埋まることを望む感情です。そのとき、相手が上位にいることをふさわしくないと思うと、「悪い嫉妬」

になります。相手を認めず、悪い嫉妬を抱くと、「あの人はズルい」「不公平だ」と感じて、「上手くいってるのは今だけ」「どうせすぐに失敗する」と相手がミスをして下に落ちてくることを期待するようになります。

特に仕事の場面では、悪い嫉妬は、職場における「社会的陰謀」を招くことが分かっています。社会的陰謀とは、例えば、上司のいる会議であえて相手の評判を下げたり、噂話を流して相手のイメージを貶めようとしたりして、嫉妬する相手にダメージを与えようとする行動のことです。

その結果、嫉妬する側も、嫉妬される側も、どちらも仕事のパフォーマンスを低下させてしまうことが研究で明らかにされています。

頑張るモチベーションになる「良い嫉妬」

一方、相手が上位にいることをふさわしいと認めると、「良い嫉妬」になります。良い嫉妬は、「あの人はすごい」「流石だ、素晴らしい」と納得して、自分が頑張るエネルギーや勇気になり、「あの人に追いつけ、追い越せ」というモチベーションを持って、上を目指すようになります。

仕事の場面では、「良い嫉妬」を持つことで、自分が進歩するための努力に励むようになり、パフォーマンスを向上させることができます。

※8　研究においては「envy」を「妬み」(「jealousy」を「嫉妬」)と訳されることもあるが、一般的な日本語としての意味合いやニュアンスを踏まえ、本書では「envy」を「嫉妬」と訳して書き記す。

「悪い嫉妬」と「良い嫉妬」を分ける
主観的な「ふさわしさ」の感覚

このように、嫉妬には2種類があり、自分の中の主観的な「ふさわしさ」の感覚によって、悪い嫉妬になるか、良い嫉妬になるかが分かれます。※9 嫉妬は、色々な感情の中でも、特に強力で、広がりやすい感情です。悪い嫉妬を持つと、相手の失敗を願い、ときに直接妨害する行動にまで出てしまいます。

また、自分でも、誰かに嫉妬されることを怖れて、目立つことを避け、「そこそこでいい」と考えて、リスクを取らないようにして、分相応のカラに閉じこもるようになってしまいます。

反対に、良い嫉妬を持てると、相手のすごいところを見つけて受け入れ、その上で「自分も」「自分はもっと」と頑張るモチベーションに変えることができるようになります。そのため、良い嫉妬は、分相応のカラを破って分不相応を目指し、自分なりの挑戦を志して、行動を起こす原動力になってくれる大切な感情なのです。

世界の中でも、日本に特徴的な感覚として、「生まれながらの天才よりも、努力した苦労人の方が好き」というものがあります。生まれつきの天賦の才で活躍している（ように思える）人に対しては、「頑張ってない（ように見える）」のに成功していると感じ、「なんか、ズルい」と認めない空気が生まれやすいのです。

「親の遺伝子に恵まれただけ」「環境が良かったから」「運が良かったから」「でも素行が悪い」など、色々な批判を探しやすくなります。

　それに対して、苦労や挫折を乗り越え、努力が実を結んで活躍している人に対しては、賞賛に値すると納得できて、成功にふさわしいと認める空気が生まれやすくなります。

　日本では、「才能よりも努力」で、「頑張っている人」が好きで、頑張っている姿を見て初めて「すごい」と認めるようになる傾向があります。この傾向は、一般の人でも、芸能人でも、スポーツ選手でも、あるいは企業でも、同様に当てはまるものです。
　だから、芸能人やスポーツ選手の密着ドキュメンタリーや、企業の新商品の開発秘話などで、苦労や努力のエピソードを知ると、人にも物にも好印象を抱きやすくなるのです。

相手を下げる「悪い嫉妬」と自分を上げる「良い嫉妬」

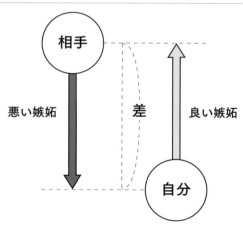

相手

悪い嫉妬　　　差　　　良い嫉妬

自分

※9　Van de Ven et al.(2009) を参照。

「ぜんぶ、文化のせい」と 思っていい

 分をわきまえた方がいいよ

　人や物事に対してふさわしさを求めがちだったり、自分の分をわき まえて分相応でいた方が良いと思ったり、自分が分不相応になること を過度に怖がったり、相手が分不相応だと思ったら批判や嘲笑をして しまったり……。私たちは、自分や相手の分相応に関して、色々と偏っ た考えを持ちやすい傾向があります。

　その大きな原因は、私たち個人ではなく、日本の文化にあります。

　まず、「あなたが悪いわけじゃない」という事実をしっかり確認して おきましょう。分相応を良しとする考えを持ちやすいのは、決して、あ なただけではありません。

　日本の文化で生まれ育った人ならば、多くの人が、必然的にそのよ うに考えやすくなる傾向が、研究で明らかにされています。

　だから、ネガティブに考えてしまったり、挑戦する行動を起こせな かったりする自分のことを、あまり否定しないであげましょう。「ぜんぶ、 文化のせい」と割り切って、今の自分の考え方や行動を受け入れてし まっていいのです。そのうえで、あなたは対処法を学んで、「分相応の

呪縛」を克服していくことができます。

　私たちは、自分が経験している文化の中で、文化の影響を受けながら、自分自身や相手を認識しています。また、物事の良し悪しを判断する基準を、無意識のうちに作っていきます。

　これらを「文化的自己観」と呼ぶことは、前述の通りです。この文化的自己観によって、ある文化で生きる人々の頭には、考え・価値観・行動における「暗黙のルール」が刷り込まれていきます。

「私は、いつでも私らしく」が難しい理由

　例えば、日本の文化では、人は「自分」を周囲の人々と繋がる関係の一部として捉えて、人間関係そのもので自分を定義したり、その関係の中で自分を定義したりしやすい傾向があります。[※10]

　「私は、いつでも私らしく」よりも、家族関係の中での自分、友人関係の中での自分、職場の人間関係の中での自分といった具合に、「関係ありきの私」になりやすいわけです。

　自分を、個人として全体から切り離して考えることができなかったり、自分自身の捉え方がブレやすく、矛盾するほど「自分」を変化させやすかったりする傾向も、日本の文化的自己観の特徴です。[※11]

　個人が、自由や独立よりも、社会ルールや関係性を重視しやすい日

※10　「相互協調的自己観」の特徴。
※11　「弁証法的自己観」の特徴。

本ならではの特徴は、仏教や儒教を通じて、調和を重んじたり、他者を大切にしたり、役割を務めることを重視したりする思考が形成されやすいためと考えられています。

日本では、社会的な関係に当てはめることで自分を確認しやすく、その関係に上手く自分を当てはめようとして、関係する人たちが「自分にどんなことを期待しているか」を読み取ろうとします。

その期待と自分を見比べて、「自分にどこが足りないか」「自分に欠けているのは何か」を探し、それを補ったり、直したりして、関係する人たちの期待に応えようとします。だから、自分の短所に目がいきやすく、自分のマイナスを埋めようとしがちです。

「短所を探す」日本と「長所を探す」欧米

ちなみに、日本とは対照的とされる欧米では、自分自身を周囲との関係から切り離して捉えて、自分の能力や才能、性格、モチベーションなどによって、「自分」を独自の個人として定義しやすい傾向にあります。[12] 自分の優れている特長を見つけて、それによって自分を確認したり、物事を達成しようとしたりします。

だから、彼らは、自分の長所を自覚していて、自分のプラスを伸ばすことを重視しやすいのです。このように欧米の人々が、個人としての合理性、自分オリジナルの価値観や主張、自分らしい自己実現などを重視する特徴を持つ背景には、デカルトやルソーといった哲学者の

提唱した合理主義や自己実現を重んじる思想が文化の土台にあるためと考えられています。

　話を日本に戻して、こうした日本ならではの文化的自己観によって作られる「分相応を良しとする意識」には、次の3つの特徴があります。1つは、「集団の一員としての自分」という集団意識を強く持ちすぎるようになる点です。2つめは、我慢を美徳として考えやすくなる点です。そして3つめには、リスク回避を最優先しやすくなる点があります。

　ここからは、それぞれの特徴について、具体的な場面を取り上げながら紹介していきましょう。

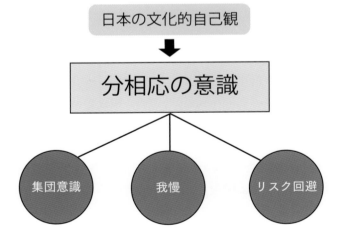

日本の文化がつくる「分相応を良しとする意識」

日本の文化的自己観

↓

分相応の意識

集団意識　　我慢　　リスク回避

―――――
※12　「相互独立的自己観」の特徴。

じつはデメリットが多い「特別扱いしない」

 みんなと同じようにして

　ほとんどの人が、子どもの頃からこの言葉を言われ続けてきたはずです。そして大人になると、わざわざこの言葉を出さずとも、もう暗黙の当たり前として、これを求められることが多いでしょう。

　「みんな」という不特定多数のマジョリティ（多数派）を指す、便利で危ない単語を使って、「みんなと同じように」「みんなの和を乱さないように」「みんなの中で悪目立ちしないように」といった「アドバイス」を、無数に浴びせかけられるのが日本の日常です。

　だから、私たちの多くが、無意識のうちに「集団の一員としての自分」の意識を強く持ちすぎるようになるのは、なにも不思議ではありません。
　さまざまな「みんな」の中での自分として、「みんな」という集団ありきで、その中で集団全体の関係を守ったり、集団の中での自分の立ち位置を守ったりしようとするようになります。

　分相応を良しとする意識によって、日本の人々は、過剰な集団意識を持ちやすい傾向にあるのです。

　研究では、日本とアメリカが比較されやすく、その対照性がとても面白いものになっています。例えば、社会全体の価値観として、日本では「出る杭は打たれる」が一般的です。周りに合わせて、目立たず、ほどほどに……を多くの人が、多くの場面で選択しがちです。

「自己主張をした者勝ち」のアメリカ

　一方、アメリカでは「騒々しい歯車ほど油をもらえる（The squeaky wheel gets the grease.）」が一般的です。空気を読んで黙っていたら損をしてしまい、「自己主張をした者勝ち」で、たとえ和を乱したとしても、しっかり自分の意見や主張を周りに伝えて説得していくことが優先されやすい価値観になっています。

　また、政治家などの組織のリーダーは、日本では、ライバルとも進んで協力して組織を調和させていくことを主張しやすいのに対して、アメリカでは、ライバルとは明確に異なる主義・主張を打ち出して対決していくのが「普通」だといいます。
　日本とアメリカでは、それぞれに対照的な価値観が、それぞれの文化で当たり前化していることがよく分かるでしょう。

　日本とアメリカは、学校における教育方針も大きく異なります。日本では、教師はクラス全体に話しかけるのが一般的です。誰かを特別扱いすることなく、「みんなで一緒に」の精神が強く、集団に対して平等な教育をすることが優先されます。教師がクラス全体に話しかけることで、生徒たちは「集団の一員としての主体性」を持つようになります。

集団の一員として、集団のルールに従えるように、生徒一人ひとりを矯正していく教育プロセスがあり、そのために勉強や生活などで「どうして、まちがえたか」に注目し、「まちがえないようにする」教育が行われやすい特徴があります。

「みんな」を重視する日本の良し悪し

一方、アメリカの学校では、教師は子ども一人ひとりに話しかけることが一般的です。そうすることで、生徒たちはそれぞれ「個人としての主体性」を持つようになります。

教師の仕事の主な目的は、生徒の自己肯定感や自尊心を育むことにあり、それを優先するためには、生徒ができなくてショックを受けるような難題は避けることもあります。「人それぞれ」の精神が強く、一人ひとりが「何をできたか」「何が得意か」に注目し、個性を褒めて、「強みを伸ばす」教育が行われやすいのが特徴です。

ここで1つ注意しておきたいのは、こうしたさまざまな日米比較は、「日本が良くなくて、アメリカが良い」と単純に言えるものではないということです。ここまで見てきた日本の考え方や価値観、教育の優れている点やメリットも沢山あります。

ただ、日本とアメリカそれぞれの文化の中で「当たり前」や「普通」が大きく異なること、そして日本の文化の中で形成されやすい考え方や価値観には偏りやデメリットも少なからずあることは確かです。

　特に、個人を特別扱いせず、「みんなと同じように」を押し付けやすい日本の教育は、全体の平均点を底上げしたり、一定の型にハマった「良い子」を育てたりするのには効果的です。

　しかし、一人ひとりの個性を埋もれさせやすく、暗黙のうちに分相応の枠を押し付けて、集団意識を過剰に持たせやすい、というデメリットがあります。

　モチベーション、性格、能力、個性などがバラバラな生徒に対して、同じ教育、同じ扱いをすることは、平等ではあっても、公平ではないでしょう。日本では、平等主義ともいえる教育を受けることで、無意識のうちに、その平等を守ろうとする自分になっていき、「みんなと一緒」がいつでも良いことで、安心できる価値観として偏りやすいのです。

個人よりも「みんな」を優先する、過剰な集団意識

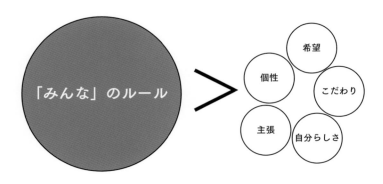

「みんな」のルール ＞ 希望 個性 こだわり 主張 自分らしさ

失敗したら謝ってしまう理由

✕ 失敗して申し訳ない
みんなに悪いことをした

　自分が何かに失敗したとき、反射的にこう思ってしまうことはありませんか。学校でリレーの選手として走って勝てなかったときに、「クラスのみんなに悪い」。サッカーや野球などのチームスポーツでミスをしてしまったときに、「チームのみんなに悪い」。テニスや陸上などの個人スポーツで負けたときには、「応援してくれたみんなに悪い」。仕事で目標を達成できなかったときには、「会社のみんなに悪い」。

　失敗したことへの自分自身の悔しさや怒りよりも、失敗してしまったことによる周囲の人々への申し訳なさや罪悪感の方を大きく感じる人は少なくないはずです。

「悔しさ」が先か「申し訳なさ」が先か

　以前、こんな話を耳にしたことがあります。海外のスポーツ選手は、大事な試合で負けた後、何よりも「自分が悔しい」と思い、ときに荒れて物に当たったり、試合後の会見を拒否したりして、怒りをあらわにする人が多いといいます。

　それに対して、日本のスポーツ選手は、同様の場面で、「申し訳ない」と思い、落ち込み、支えてくれたチームやスタッフ、応援してくれたファンへ涙ながらに会見で謝罪する人が多いそうです。例外はあれど、全体的な傾向としては納得できる違いでしょう。

　もちろん、会見に対応することがプロ選手としての責任の1つになっている競技もあるし、会見での言葉が決して選手の本音とは限らないこともあります。その意味では、日本のスポーツ選手はプロ意識が高く、「周囲が自らに求めている役割をちゃんと全うしよう」という集団意識を持っているといえます。

　ただ、より根源的には、「自分のために頑張ったのに、失敗して悔しい」という個人の意識よりも、「みんなのために頑張ったのに、失敗して申し訳ない」という集団の一員としての意識が強すぎることが背景にあると考えられます。つまり、個人としての自分よりも、集団の一員としての自分の方が、優先順位が高いのです。

文化によって基準が異なる「良い子」

　こうした意識も、分相応を形成する文化的自己観を通じて育まれるものです。アメリカでは、親が子に期待する「良い子」は、しっかり言葉や行動で自己主張できる子です。

　それに対して、日本で親が子に期待する「良い子」は、大人に対して従順で礼儀正しく、感情や行動をちゃんとコントロールできる子

47

であることが研究で指摘されています。だから、日本の子どもたちは、日本の文化における「良い子」になるために、自分の本当の気持ちをコントロールして、相手の立場になって考え、周囲の期待に応えられる行動を選びやすくなるのです。

そして、そのように刷り込まれた価値観や選択は、成長して大人になってからも、そう簡単には大きく変わりにくいものです。

日本の文化で育った「日本らしい人」ほど、自分が個人的にやりたいことを頑張るモチベーションよりも、親や先生、監督やコーチ、上司、あるいは友人、ファン、SNSのフォロワーといった周りの人々が自分に期待することを頑張る、というモチベーションの方が持ちやすいのです。

これは、単純に、「もっと自分のことを優先できるエゴイストになっていい」といえば解決できることではありません。なぜなら、「周囲の期待に応えたい」という思いが、自分のエゴになってしまっているからです。

「みんなのため」もじつは「自分のため」

「集団のために」という意識は、より正確には「集団の中にいる自分のために」であり、それほどに文化的自己観が、人の価値観や考え方に与える影響は支配的で強力です。

だから、自分のことを優先するためには、まずは集団の一員としての自分ではなく、個人としての自分について考え、一人だけでの「自

分らしさ」を作っていくことが大切になります。

　日本語には、自分のことを指す単語がいくつもあり、周囲の状況、場面、相手などによって使い分けます。私、自分、俺、僕、当方、小生……などさまざまに変わることができて、自分を表す主語がなくても文章が成立して、意味を成すこともできます。

　一方、英語における「自分」は基本的に「I」だけで、周囲の状況、場面、相手によって変化しません。また、文章において省略されることも通常はありません。こうした言葉の違いは、文化におけるコミュニケーションの違いに繋がるとされており、その意味でも、やはり日本における「自分」は、優先順位の低い存在として考えられやすいといえるでしょう。

個人としての「自分」の優先順位が低い

| 周囲の期待 | ＞ | 自分の思い |

我慢するのは、当たり前じゃない

言われた通りにやればいい

　集団の一員として、集団のルールに従って、自分を周囲に合わせていくプロセスでは、自分自身に我慢させることが数多く出てきます。「こういうものだから」「うちでは、これが普通なんで」「言われた通りにやって」などと直接的に言われたり、言葉にせずとも感じ取ったりする中で、自分個人では本当はもっと別の考え方、やり方があったとしても、我慢して受け入れて合わせていくことが求められやすいでしょう。

　分相応を良しとする意識は、こうした我慢を受け入れやすくなるための土台となります。「まぁ仕方ない」「郷に入っては郷に従え」と、現状を受け入れることは当たり前であり、我慢することが美徳とされる場面も少なくないはずです。

　世界の中でも、特に日本では「空気を読む」ことが、人間関係においても、仕事においても、重要なスキルの1つとされている背景には、分相応と我慢を美徳にしやすい偏った価値観があるといえます。

　空気を読んで、周りに合わせる。空気を読んで、自分の主義や主張を我慢する。それは、子どもの頃から大人になっても、学校でも会

社でも、ときには家庭内においてさえ、重要なスキルとされています。

　学校において、とても合理的とは思えない校則、教師による理不尽な指導、部活動やクラス内での妙なヒエラルキー（上下関係）など、色々なことに疑問はあっても空気を読んで、我慢して、受け入れて馴染もうとした経験は、多かれ少なかれ、ほとんどの人が持っているものでしょう。

　会社においても、余計な時間と手間がかかる非合理的なルーティンワーク、社内だけで当たり前化してしまっている無駄な慣習、暗黙のうちに「地雷」「タブー」として避けられ続けている課題など、さまざまなことが空気を読んで我慢されています。

「従順でいること」が得をする日本社会

　「大人なんだから」「もっと大人らしくさ」などと言われやすい大人の方が、子どもよりもむしろ、我慢することを当たり前や美徳とする価値観が支配的かもしれません。

　上に対して、文句を言わずに従順で、反抗せず、勤勉に、ちゃんと我慢していた方が得をする、という小さな成功体験が沢山積み重なっていくことで、我慢は「普通」になっていくのです。

　「我慢する」や「空気を読む」は、役割を分けて、自分に割り当てられた役割を全うする意識といえます。アメリカでは子どもを「小さな大人」として扱うのに対して、日本では子どもを「大人とは別の存在」として扱うことが多いといいます。※13

　お盆やお正月に帰省したりすると、大人は大人同士、子どもは子ども同士で、分かれて食事をしたり、過ごしたりすることがよくあります。子どもは、成人して、お酒を一緒に飲めるようになると、大人側に参加できるようになるものです。

　子どもという別の存在から、「人に成る」成人をすることで、大人に加わる感覚です。大人と子どもは異なる役割が分担されていて、それぞれの役割を全うすることが当たり前化しています。

「指示される側で我慢して働く」に疑問を持つ

　こうした役割意識は、会社においても同様で、「指示する側」と「指示される側」がハッキリと分けられて、役割分担されていることが一般的といっていいでしょう。特に日本では、40代以上のマネジメント層が「指示する側」として権限を持ち、20・30代の若手や中堅は「指示される側」として実行に専念することを求められがちです。

　「指示される側」は、その役割を全うできることを重要視されていて、疑問を持ったり、批判したりすることはなかなか歓迎されません。だから、ビジネスの現場に立って実行しているからこそ気づける疑問や課題があっても、我慢して飲み込むだけになりやすいのです。

　役割が固定されていて、ある役割の人たちは我慢して当たり前で、我慢できることこそが重要……。それは本当に健全な状態でしょうか。長い歴史を持つ大企業や中小企業が数も多く、力も強い日本と比べて、

アメリカや中国では新しいベンチャー企業が次々に生まれて、活躍を広げています。新しく作られるベンチャー企業は、シニア層がほぼいない組織であることが多く、従来の役割分担の垣根を壊すという意味でも重要な存在です。

我慢を美徳としないベンチャー企業

米中のベンチャー企業では、平均年齢が20代という組織も珍しくありません。現場に立つビジネスパーソンが、我慢せずに、挑戦できる組織です。ただし、その代わりに責任も増えます。

中国のITベンチャー業界では、「35歳定年」と言われるほど、特に技術者（エンジニア）は若いうちに挑戦をして、勝負をかけて、結果を出すことが求められます。ハードな世界ですが、だからこそ、ベンチャー企業が飛躍していける世界にもなっています。

もちろん、ベンチャー企業にも良し悪しがあります。大企業にも、中小企業にも、それぞれに良し悪しはあります。ただ、役割が固定化され、我慢が美徳になってしまっている環境を変えるという意味において、ベンチャー企業のような新しい組織が沢山作られ、急成長をしていくことによって、従来の会社の中でも現状維持に対する危機感が高まり、組織として新陳代謝や変革が起きていくのは、確実に大切な社会の動きです。

※13　東洋経済ONLINE「「子供嫌い」の日本、アメリカと価値観が違う背景」を参照。

「我慢強い」と 「思考停止」は紙一重

嫌だけど、しょうがない

　空気を読んで、我慢して、周囲の人々や物事の前例に合わせることばかりに慣れていく。また、そのように上手く合わせられることが、能力として評価される環境にいることで、どんどん染まっていく。そうした「我慢強さ」は、いつでも、すぐに「思考停止」へ姿を変えます。

　「我慢できるでしょ」「察してよ」と言われ続けることで、自分のオリジナルで考えることをあきらめて、何かあっても、自分自身に「しょうがない」「どうせ、〇〇でしょ」と言い聞かせるクセがついていきます。我慢して、あきらめて、言われた通りにやるだけ、求められた通りにやるだけ、ルーティンや前例に従うだけ、になっていくのです。

　「どうせ、こういうものでしょ」と割り切ったフリをして、「普通でいいから」とあきらめて分相応を良しとしていくと、次第に、自分のことなのにすべてが他人事のように思えていってしまいます。

　仕事において、「空気を読む」や「我慢する」を選ぶことが有効な場面は確かにあります。波風を立てず、上手く立ち回ることで、周囲から気に入られる……。そうした「要領の良さ」を持てる人が評価され、

出世していける場面や組織は多いはずです。

　それに順応できる人はいいでしょう。自分が我慢することで下手に出ながらも、じつは自分が相手や周囲をコントロールすることを、ゲーム感覚で楽しめる人にとっては、特に問題はありません。

　しかし、そうでない人にとっては、仕事はどんどんつらくなっていきます。ある程度までは我慢できても、我慢するだけの日々が延々と続くことで、流石につらくなってしまう人は大勢います。

ストレスに対して心を「麻痺」させない

　近年、日本のビジネスパーソンが抱える問題として取り上げられているのが、「過剰適応」です。過剰適応は、周囲の環境から求められたり、期待されたりすることに対して、自分の気持ちを押し殺してでも、完璧に応えようとしすぎることです。自分自身で、自分らしさがないと感じていたり、自分に自信を持てていなかったりすると、その代わりに周囲に過剰に適応しようとして苦しみやすくなります。

　また、周囲に過剰に適応しなければならない状況に身を置くことで、自分の気持ちが押しつぶされていって苦しむ場合もあります。こうした過剰適応になり、心と身体にダメージを負ってしまうことが現代病の1つとして問題視され始めています。

　そもそも、身を粉にして会社のために尽くす「モーレツ社員」や「企業戦士」が良しとされていたように、日本の会社における働き方には、昔から異常性が少なからずありました。社員に対して、異常なまでの

勤勉や献身を求めて、我慢を強いる日本の働き方は、国全体で進める「働き方改革」によって改善されてきていますが、まだまだ改革が行き届いていない部分も残されています。

　日本の会社が、海外に拠点を作ったとき、その海外の工場で日本と同じマニュアルを採用したところ、現地の人々がノイローゼになってしまったという話を聞いたことがあります。日本の人にとっては我慢して受け入れられるマニュアルでも、海外の人にとっては細かすぎて、複雑すぎて、心が耐えられないものだったのです。そのマニュアルに対応できている日本は、良く言えば「人材のレベルが高い」ですが、悪く言えば「ストレスに対して心が麻痺している」状態でしょう。

　働きすぎて命を落としてしまう「過労死」は、「Karoshi」として英単語になっています。それはつまり、自分の命が危なくなっても我慢を続けて、仕事を続けてしまうということが、英語圏では考えにくい概念であるということです。
　我慢しすぎて、思考停止に陥り、仕事を止めることすらできなくなってしまう事態は、世界共通のものではないわけです。

　まずは、「しょうがない」を止めてみることから始めてみましょう。物事をあきらめたり、仕方なく受け入れたりするときに使われる「しょうがない」という単語もまた、英語にはないといいます。[14] 近い言い回しの表現はあっても、その一言であきらめて片づけてしまえる、多くの人が共通して使うような簡単な単語はないのだそうです。

　業界における暗黙の常識、会社内や部署内での習慣、あるいは面倒な人間関係など、非合理的で理不尽な何かに出会ったとき、あきらめる理由を探して、すぐに「しょうがない」と言うのをやめてみましょう。その代わりに、打開する方法を探すクセをつけるのです。

　打開するのが難しければ、回避する選択肢を選ぶ工夫をしてみるのもいいでしょう。我慢して、思考を停止させて、ただ耐え忍んでいては、心にも身体にも悪く、いつまでも待っても「面白い仕事」をすることはできません。

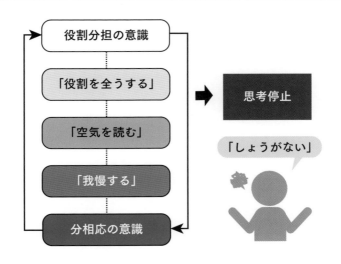

役割意識が招く、「空気を読む」と「我慢する」

役割分担の意識

「役割を全うする」

「空気を読む」

「我慢する」

分相応の意識

思考停止

「しょうがない」

※ 14　Freshtrax「アメリカ企業が日本企業に勝るたった一つのこと」を参照。

「サムライ」は失敗できない

みんなに迷惑がかかるから
ミスは許されない

　日本の文化を通じて作られる「分相応を良しとする意識」について、「過剰な集団意識」と「我慢の美徳化」という2つの特徴を紹介してきました。もうひとつ、3つめの特徴として、「リスク回避の最優先」があります。

　日本では、子どもの頃の学校や習い事から、大人になってからの職場まで、さまざまな場面に共通して、「ミスしない」を重視する環境が多くあります。何か1つのことを特別に得意としているが苦手もある「一芸特化タイプ」よりも、まんべんなく苦手を作らずに何でもこなせる「そこそこ多芸タイプ」の方が、周囲から高評価を受けやすい傾向も強いでしょう。

　表現を変えれば、打率は低いが「1発」のあるホームランバッターよりも、「1発」は打てなくても打率の高いアベレージヒッターの方が、学校でも、会社でも、認められやすく、褒められやすいのです。

　「10回やったら、9回は失敗するけど、1回は大成功する」人よりも、

「10回やったら、失敗は2回だけで、8回はちゃんとそこそこの成功を収める」人の方が、会社内で大事なプロジェクトを任されたり、出世しやすかったりすることは容易に想像できるでしょう。

ユニクロの「一勝九敗」の経営哲学

　ベンチャー業界は、多産多死が当たり前とされていて、新しく作られた会社のうち、巨大ベンチャーまで飛躍できる確率は、極めて低いものです。それでも、運と実力をどちらも兼ね備えて、奇跡的な飛躍を遂げることを夢見て、多くの起業家が挑戦していく業界です。

　また、新しいイノベーションを創ろうとするときも、沢山の失敗を経験することを覚悟の上で挑戦するのが前提となります。

　ユニクロを「世界を代表するアパレル」まで飛躍させた柳井正さんは、新しいことに挑戦すれば10回に9回は失敗する、という「一勝九敗」を経営哲学としていることで有名です。[15] 積極的に新しいことをやってみて、ダメならすぐに撤退して、10回のうち1回の大成功によって、数多くのヒット商品を生み出して、会社を飛躍させました。

　しかし、日本は「ベンチャー大国」でもなければ、「イノベーション大国」でもありません。新興のベンチャー企業よりも、歴史が長く、安定成長を重視する大企業や中小企業が圧倒的に多い国です。

※15　DIAMOND Chain Store online「ビジネスは「一勝九敗」ファーストリテイリングを世界的大企業に導いた"柳井哲学"」を参照。

リスクを覚悟の上で、新しいイノベーションに挑戦するよりも、堅実に、改善・改良を積み重ねていく道を選びやすく、またその改善・改良を得意分野としています。「一か八かの大成功」は、フィクションの物語や、別世界の話としては面白くても、日本の多くのビジネスパーソンにとって自分事にはなりません。なぜなら、自分事である仕事の日常では、「ミスだけはしないで」と言われ続けているからです。

美化されすぎる「分相応に生きるサムライ」

こうした、ミスをしないようにリスク回避を最優先する意識の背景にも、文化的自己観があり、日本の文化や歴史が影響を与えています。ここでは、「サムライ」について取り上げてみましょう。「サムライ」は、日本の文化の中でも象徴的な存在として広く浸透し、人気が高く、支持されやすい存在です。

野球の日本代表は「侍ジャパン」、サッカーの日本代表は「サムライ・ブルー」をそれぞれ愛称としています。それ以外のスポーツでも、選手が男性の場合には「日本の若きサムライが、世界の大舞台で躍動しています！」と活躍を誇ることがよくあります。

サムライは、スポーツだけでなく、大河ドラマや映画、漫画やアニメなどのエンターテインメントの登場人物としても人気です。

サムライの出てくる物語では、江戸時代の幕末・明治維新の時期を除けば、基本的に「主に仕えてお家を守る」が正しい道として描かれます。苦境に耐え忍び、慎ましやかな幸せを守るため、懸命に生きる

姿が良しとされやすいはずです。その理由は、サムライの社会は、生き方が固定化されていて、分相応な立ち振る舞いを守ることが、自分の命、家族の命を守ることに直結する時代観だからです。

失敗したら「切腹」「お取り潰し」

　数百年にわたって続いたサムライの社会では、失敗は、「切腹」で自身の命、「お取り潰し」で家の断絶という、あまりに大きなリスクがありました。だから、何よりも失敗しないことを最優先して、自分の立場や周囲からの評価を常に念頭に置き、慎重な判断や行動を取ることが当たり前だったのです。

　サムライの中でも階級が分けられ、江戸時代には 200 以上の藩がある中で、尾張・紀伊・水戸の三藩は「御三家」と呼ばれる別格の地位にあったり、土佐藩の中では「上士」と「下士」に分けられて明確な上下関係が作られていたりして、家格などに応じた、分相応な立ち振る舞いが固定化されました。

　このサムライに肯定的な文化で生まれ育つと、エンターテインメントやスポーツを楽しむ中で、無意識のうちに、分相応に生き、リスク回避を最優先して、自分や家族を守る姿勢が当たり前化しやすくなるでしょう。失敗したとき、「これは切腹ものだね」「腹を切ってお詫びしなきゃね」などと上司に冗談交じりに言われる人や、スポーツ選手に対して SNS などで簡単に言ってしまう人が多いのには、こうした背景があります。

本当はチームプレーが苦手な日本

もし何かがあっても
責任が取れないから

「リスクを回避したい」という思いは、集団の中にいるときに、より一層強くなりやすいものです。「自分一人のミスに、みんなを巻き込みたくない」「みんなに迷惑はかけられない」「全体の責任なんて取れない」……。そのように思えば思うほど、手堅く、安全な選択肢を選ぶようになります。「少なくとも、自分は、失敗したくない」というリスク回避を望む自分の本音があることで、集団意識は高いのに、じつは集団の中で行動することを苦手としている人が多い、という矛盾があります。

会社の上司は、部下にのびのびと挑戦することを後押しして、「失敗したときには自分が全責任を取る」といった心意気のあるタイプではないことの方が圧倒的に多いでしょう。

上司にとっては、自分個人としての評価が大事であり、部下の失敗の責任を負いたくないため、「失敗するようなことは、そもそもやろうとするな」とリスク回避を推奨するタイプの方が多いのは、当然といえば当然のことです。

日本の多くのビジネスパーソンが、上司からは「（上司の評価のた

めに）ミスをするな」と命令され、自分でも「（自分の評価のために）ミスをしないように」と言い聞かせて働いています。

それは、多くの会社の評価制度が、ミスを探す減点評価になっていることが根本的な理由です。0点の状態からプラスの成果を探して足し算をしていく加点評価よりも、100点の状態からマイナスの失敗や未達成を探して引き算をしていく減点評価になっていることが一般的です。

だから、たとえ会社のトップが「新しい事業を開拓しよう！」「新しい戦略を採用しよう！」と声高に宣言しても、失敗で減点する評価制度が変わらなければ、リスクのある新しい挑戦に本気で臨む人は現れてこないのです。

本当は「1対1」の方が得意な日本

じつは、日本の伝統的なスポーツには「1対1」が多く存在します。柔道や剣道、相撲など、意外なほどに個人戦が多いのです。WBCなどの国際大会で世界一に輝いている野球も、チームスポーツではあるものの、ピッチャーとバッターという1対1に近い対決を繰り返します。もちろん、チーム全体の戦術やキャッチャーの配球などはあれど、1対1の勝負の積み重ねで勝敗が決まるスポーツといえます。

それに対して、サッカーやバスケットボール、ラグビーといったチームスポーツでは、日本は世界の強豪まではなれていないことが多いです。特にサッカーでは、チームとして、リスクを取った「攻めの守備」

をできないことが、日本の課題としてよく指摘されてきました。[16]

　日本のサッカーでは、ジュニアの育成の頃から、「相手からボールを奪い取れ」という攻めの意識を持った守備ではなく、「相手に抜かれるな」という消極的な守備が教えられやすいといいます。

　相手の約１メートル前まで詰めると、そこで自分がドリブルで抜かれてしまわないように止まって、相手の攻撃を遅らせるための守備が重視されやすいのです。

思い切って、攻めてみよう

　一方、ドイツなどの欧州の多くの地域・クラブでは、止まらずに相手に突っ込んでいき、ボールを奪い取ろうとする積極的な守備が重視されやすい傾向にあります。結果として奪い取れなくても、そのミスをフォローするところまでがセットでチームの戦術になっているのです。

　しっかりボールを奪おうと狙って攻めれば、相手のボールのコントロールが乱れて、第２・第３の「攻めの守備」がフォローすることで相手をつぶせる……という、リスクを踏まえてボールを奪い取る意識や戦術が強いわけです。

　この点において、多くの海外経験選手が、「日本サッカーと海外サッカーは別物」と指摘しています。実際、東京オリンピックのサッカーで、日本は準決勝でスペインに敗れたが、その敗戦インタビューにおいて、田中碧選手は「相手は連動してチームプレーが強かったのに対して、日本は１対１をただやり続けているように感じた」と答えました。[17]

「2対2だったり3対3だったりになったときに相手はパワーアップするけれど、自分たちは何も変わらない。それがコンビネーションという一言で終わるのか、文化なのか分からないですけれど、サッカーを知らなさすぎるというか……。彼らはサッカーをしているけれど、僕らは1対1をし続けているように感じるし、それが大きな差になっているのかなと感じている。」

チャンスを作るための攻めよりも、ピンチを作らないための守りを、個人もチームも優先しやすい点。攻めのミスをすぐにフォローできる仕組みや戦術、マインドが整えられていない点。田中選手の言葉は、こうした日本の特徴が言い表されているものと考えられます。

幼い頃からリスク回避で「ミスをしないように」と教えこまれ、そのプレーを実践し続けることで染みついた価値観や行動は、大人になってから矯正することは難しいといいます。サッカーの話を取り上げたが、これはビジネスにもそのまま当てはまるものです。

なぜなら、ビジネスは基本的にチームプレーだからです。個人で、1人だけで商品を作り、広告を作り、販売して、広めていくことは、基本的にはありません。誰かと一緒にチームで考え、動き、働いていく。そのチームプレーが、もともと、決して得意とはいえないのが、日本の人々の特徴であることを知っておきましょう。

―――――
※16　Number Web「内田篤人も酒井高徳も認めた「日本サッカーと欧州サッカーの埋められない差」…欧州の日本人監督に聞く"どこが一番違う？"」を参照。
※17　GOAL「世界では「自分たちのサッカーが選べない」。U-24日本代表MF田中碧が東京オリンピックで実感した"11人対11人"で勝つという意味」を参照。

ルールを守るのは得意、ルールを作るのは苦手

そういうルールだから

　分相応を良しとする意識のもと、過剰な集団意識を持ち、我慢することが当たり前化して、リスク回避を最優先してしまう私たち。こうした文化的自己観があることで、日本の人々の多くは、「（誰かが作った）ルールを守るのは得意」だが、「（自分で）ルールを作るのは苦手」という特徴を持っています。

　仕事における会社や部署・チームの中でも、プライベートにおける友人や家族の中でも、私たちはそれぞれの関係の「ルール」を受け入れて、守ることを得意としています。

　「そういうルールだから」などと周囲から言われながら、自分でも口にしながら、すでにあるルールに順応することを大切にしがちです。すでにあるルールに対して、疑問を持たなかったり、疑問を持っても飲み込んだりして、ルールに対して従順なのです。

　ビジネスでは、「ルール」について、次のような傾向の違いがあることが知られています。日本の会社は、ルールがまだ存在していないような新しい領域や技術に対して、「まだルールがないから避けておこ

う」と考えて回避しやすい傾向があります。

　何が正しくて、何が間違いかを定めたルールがないということは、リスクがあって危険だから、手を出さないでおいて様子を見よう、と考えて静観しがちなわけです。

ルールは自分で変えられるし 自分で作ってもいい

　一方、アメリカや中国の会社は、まだルールが定まっていない物事に対して、「ルールがないなら、何でもありだ」と考えやすい傾向にあります。誰かが定めたルールがまだないのなら、自分が独自のルールを作れるチャンスだと考えるのです。

　だから、新しい領域や技術を見つけたら、ライバルたちよりも先んじて飛び込み、新しいルールを開拓していこうとします。そうして、スマートフォンやSNS、AIスピーカーや生成AI、ドローン配送や全自動運転車など、これまでもこれからも、さまざまなイノベーションが米中から生み出されているのです。

　集団での行動や生活において、ルールは1つの基準や秩序として確かに大切です。ただ、その既存のルールは、「誰か」が作ったものであり、その「誰か」に自分がなることで、「自分がルールを作ってもいいんだ」と考えられるでしょうか。そう考えてみたとき、「自分なんて……」といった分相応の意識が、すぐに顔を出してきてはいませんか。

　特に、ルールが間違っていたり、時代遅れだったりしたときには、

「ルールは変えられるもので、自分が変えても良いものだ」という分不相応の意識を持てているかどうか、自問自答してみましょう。

「正解」は1つじゃない

また、「1つの正解」という決まった型に当てはめようとしがちなのも、日本に特徴的な考え方です。1つの型にはめて、正解を1つのものにした方が、教える側も教えやすいし、習う側も習いやすい、という側面はあるでしょう。

しかし、ただ1つの正解を押し付けられることで、人の個性は消えていき、多様性も消えていきます。日本では、スポーツでも、音楽でも、みんな同じようなフォームになってしまうことがよく指摘されています。

まだ幼いジュニアの頃から、スクールやクラブチームで「1つの正解」に向かって教えられることで、基礎技術が上達しやすく、きれいなフォームになりやすい、という良い点もあります。しかし、同時に、多くの人が「同じような打ち方」「同じような戦い方」で、「同じような選手」が量産されていきやすくもなってしまいます。同じような選手たちは、同じような壁にぶつかり、同じように挫折しやすくなります。

それに比べて、海外では、サッカーでも、野球でも、テニスでも、日本で習う「1つの正解」と比べると、「フォームがめちゃくちゃ」に見えても、「基礎ができてない」ように見えたとしても、強力な武器を持っていて、圧倒的な個性と能力で、選手として強いということは少なくありません。[18]

　音楽においても同様で、決められた方法で、正確に演奏することが、ただ1つの正解かのように教えられることが、学校でも、音楽教室でも、一般的です。自分のオリジナリティを出して、アレンジして演奏することが、「表現力の豊かさ」として評価されにくいといいます。[19]

　「1つの正解」のもと、自分らしい個性は矯正されて失われていき、音楽を演奏するアーティストが「自分なりの正解」を作っていく思考力や創造力、モチベーションが消えていってしまうのです。

　思考を停止させて、既存のルールに従い、1つの正解だけを目指していく。これは、スポーツや音楽だけでなく、働き方や生き方についても、まったく同じことが当てはまるでしょう。スポーツ選手やアーティストだけでなく、日々を働くビジネスパーソンの誰もが、自分事として捉えるべき、日本の文化的自己観の影響です。

「ルールに従う」考え方と、「ルールを作る」考え方

「ルールがないなんて危険だ」
「ルールができるまで待とう」

「ルールがない、チャンスだ！」
「自分のルールを作ろう！」

「まだルールがない」

「"一つの正解"に従おう」
「自分を合わせて、矯正しよう」

「これを踏まえて、考えよう！」
「"自分の正解"を作ろう！」

「1つの正解」

※18　REAL SPORTS「「それはサーブの練習であってテニスの練習ではない」現役プロと考える日本テニス育成の"世界基準"」を参照。
※19　テレ朝 news「天才ドラマーよよかさん（12）が日本を去るワケ〜「学校は答えを最初から決めている」」を参照。

自分の話をするのが苦手なワケ

何かをしても
自分が損するだけ

　「何もしない方が得だから」「何かしても損するだけでしょ」といったアドバイスを上司や先輩から受けたり、自分が後輩にしたりしていませんか。現代の人々は、「無関心化」が進んでいるとよく言われています。

　それは、何事にも関心がなく、心を動かされずに、何でも自分事ではなく他人事のようで、「自分」がないように見えるからでしょう。

　ただ、「自分がない」というよりも、「自分を出しても損をするだけだから、自分を出さない」という方が、的確に実情を表しているでしょう。自己主張をしたり、自分の好きな物事を紹介したり、自分のこだわりを発信したり……。何か「自分」を出してみると、批判されたり嘲笑されたりして、結局、自分が損をしてしまう空気が漂っているのです。

　それは、多様性を許容して、面白がる度量の広さがない社会になっている、と言い換えられる環境です。そんな環境だから、「自分を出してみて否定されたら怖い」「周りと違ったら恥ずかしい」と思って、「何もしない方が得」になり、何事においても自分のことを話さなくなるのです。

　そして、自分を出さずに、周囲に合わせておくことが処世術となって、その日々を続けているうちに、本当に自分がなくなっていき、自分のことを話せなくなってしまうのです。

　「何かしても損するだけ」の小さな失敗体験、裏を返せば、「何もやらない方が得」の小さな成功体験を、仕事の中で積み重ねてきた人が大勢いるはずです。

　例えば、上司や先輩の言うことをよく聞き、先回りで対応して、かゆいところに手が届く「気配り屋」や聞き分けの良い「頑張り屋」になってみたとしましょう。しかし、周りからは「文句を言わず、何でも言うことを聞いて働く人」として受け取られてしまい、きつい仕事や、他の人が嫌がる仕事を振られたり、やらない人の分まで余計に仕事を振られたりしてしまいます。
　にも関わらず、その労力に見合うだけの給与や待遇などのメリットはもらえない……。といった失敗体験は身に覚えがありませんか。

　あるいは、大きな組織では、事業部などのハードワークを強いられる部署と、そうではない比較的に楽な仕事内容・働き方ができる部署で、評価基準や給与体系が統一されていることが少なくありません。
　そこで、楽な部署でゆるい上司に高評価をしてもらった場合より、ハードな部署で厳しい上司に低評価をされてしまった場合の方が、沢山働いたにもかかわらずボーナスが下がってしまうことがあります。

　そんな目にあったら、「おかしいでしょ」「納得いかないんだけど」「な

んのために働いてるの？」……といった鬱屈した思いを持って当然です。そんな失敗体験を積み重ねれば、わざわざハードな部署で、サービス残業も含めて長時間を働き、責任も重く、難しい仕事内容で成果を出せるように頑張るなんて、とても割に合わなく感じられてしまいます。

「報酬」が少なすぎる日本企業

日本の多くの会社では、挑戦して成果を出した場合のインセンティブ（報酬）が小さすぎる、という実情があります。何かに挑戦して、組織を変えたり、ヒット商品を作ったりすることに成功したとしても、その労力に見合うだけの金額面・待遇面での報酬を得られないことの方が圧倒的に多いのです。少し褒められたり認められたりするだけで、実質的にはボランティアに近い感覚といえます。

もちろん、リスクを取って挑戦しても、失敗すれば、評価を下げられるだけの場合が大半です。挑戦する姿勢やプロセスをしっかり評価してくれる上司や組織、制度は、どこにでもあるものではありません。
つまり、成功しても割に合わず、失敗したら目も当てられない、というわけです。だから、多くの人が、もう頑張るのをバカらしく感じてしまいやすいのです。

こうした現状を、客観的に、冷静に考えられる人ほど、仕事で挑戦することを早々にあきらめてしまいがちです。不合理な現状をあきらめて受け入れ、「何かしても損するだけでしょ」と割り切って、我慢するか、

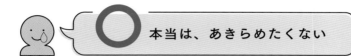

順応するか、を選びます。そうして、強力な「分相応の呪縛」に囚われていってしまいます。

本当は、あきらめたくない

しかし、本当の本音は、あきらめたくないはずです。あきらめずに、しっかりと報われる仕事で頑張ったり、自分が面白いと思える仕事に挑戦したりしたい本音を隠し持ったままなのです。

自分を変えて、自分の考え方を変えて行動を変えて……環境を変えて、今の環境を作り変えたり別の環境に移ったりして……今の自分にとって分不相応と思える「面白い仕事をしたい！」という心の奥底の本音をあきらめないであげましょう。

表裏一体の失敗体験と成功体験

「何かしても損するだけ」の小さな失敗体験

「何もやらない方が得」の小さな成功体験

Chapter 2

分相応
気づく

自分事として自覚する

【 KEYWORD 】

• 集団意識

• 我慢

• リスク回避

• 夢

• トーナメント制

• 応援

• スペシャリスト

• ゼネラリスト

• 退屈症候群

• ワーク・エンゲージメント

に

3歳からもう始まる「ちゃんとして」

> ✕ 変なことしないで

　分相応について、まだ自分事として実感できていない読者の方もいることでしょう。この章では、人生のさまざまな場面を振り返りながら、「確かに『分相応』を無意識のうちに経験してきた」と納得してもらいたいと思います。

　納得して、しっかり自分事化することで、初めて、現状を受け入れて、自分の「分相応の壁」を乗り越えるためのチャレンジへ向き合えるようになるからです。ぜひ、自分が子どもの頃に言われたり、思ったりした経験を思い出しながら読み進めてみてください。

　人によっては、自分が親の立場として、我が子に対して、知らず知らずのうちに「言う側」になっていることに気づく場合もあるでしょう。

　生まれたばかりの赤ちゃんは、最初はとても自由で、何をしても褒めてもらえます。「笑った！」「ハイハイできた！」「喋った！」「食べた！」など、何でもできたことに注目してもらえます。

　それが、3年ほど経ち、幼稚園に入る頃になると、早速、もう「分相応」が始まっていきます。

　一般に、幼稚園と比べて、保育園の方が自由で、良し悪しはあるとしても、子どもにルールを強いる度合いは低いことが多いでしょう。相対的に、幼稚園では、小学校の前教育として「ちゃんと」する習慣を教えられます。

　ちゃんと制服を着て、ちゃんと帽子をかぶって、ちゃんと登下校をして、ちゃんとクラスで活動をする。そうした教育の中で、必然的に「ちゃんと」できないことに注目されるようになっていきます。

「変なことしないで」＝「ちゃんとして」

　「ちゃんと」の語源は、「丁度（ちょうど）」とされています。ちょうど良く、ちょうどピタリと合うように、といった意味合いがあります。この「ちゃんと」の反対は、「変なこと」といえます。だから、「ちゃんとして」と「変なことしないで」は近い意味で使われることが多いでしょう。「ちゃんと」に続く言葉を考えてみると、「ちゃんと、普通にして」「ちゃんと、ルールを守って」「ちゃんと、周りに合わせて」「ちゃんと、我慢して」など、分相応を良しとするさまざまな言葉に繋がることが分かります。

　基本的には、「ちゃんと聞いて、ちゃんとやって」です。より正確には、「ちゃんと受け入れて、ちゃんと実践して」といえるでしょう。

　給食のときは、ちゃんと好き嫌いしないで、ちゃんと全部食べて。運動や音楽の時間には、ちゃんと先生の言うことを聞いて、ちゃんとその通りにやって。勉強の時間は、ちゃんとクラスのルールを守って、ちゃんと読み書きや計算をして。

　幼稚園・小学校の段階から、もう「ちゃんとして」は始まっていくわけです。

　また、「ちゃんと」には、周りの誰かの目を気にすることが多いのも特徴です。「ちゃんとして」の後には、「そんな変なことしてると、みんなに嫌われるよ」と続くことがあるでしょう。友だち、先生、家族などに嫌われないように、「ちゃんとしておこう」というわけです。

　「ちゃんと食べて」の後には、「せっかく給食当番の人が準備してくれたんだから」「残したら、料理を作ってくれた人に失礼だから」「野菜を育ててくれた農家の人たちに悪いから」といった理由が続きます。

　自分が食べたいか、食べたくないか、個人としての判断が重んじられることはなかなかないはずです。それよりも、ルールやモラル、他者を重んじる考え方や行動が良しとされやすいことが一般的です。

いつでもどこでも「ちゃんとしよう」

　悪いことをしてしまうと出てくる鬼やお化け。悪い子を見つけたら山に連れていってしまうナマハゲ。人の行いを見ている神様やお天道様。このように、日本では、「ちゃんとしていない」悪いことをしたら、誰かが見ていて、罰を与えられるような言い回しがとても多いことに気づきます。

　周囲に合わせ、周囲と同じ考えや行動をしておいた方が良いという感覚は、こうした言い回しからも、知らず知らずのうちに作られていくでしょう。子どもも、大人になっても、「ちゃんとする」感覚が根付い

ていることが良く分かるのが、自動販売機です。日本では、駅や施設の中だけでなく、街や道の至るところに自動販売機が置かれています。

　じつは、そんなことができる国は、世界の中で日本くらいなものです。海外では、空港やホテルの中にはあっても、道ばたにポツンと自動販売機を置くようなことはできません。なぜなら、人がいないときや夜中などに、自動販売機の中身やお金がすぐに強奪されてしまうからです。

　日本の人は、誰も見ていなくても、自動販売機から強奪するような悪さをしません。それは、「ちゃんとする意識」が老若男女に共通して根付いているからです。悪いことをしたら、変なことをしたら、人や神様の誰かが見ていたり、天罰が下されたりするから、「ちゃんとしよう」という価値観がとても強いのです。

分相応に繋がる「ちゃんと」と「変なことしないで」

「ちゃんと」

「変なことしないで」

・・・

普通にして

ルールを守って

周りに合わせて

我慢して

得意より「苦手なし」の方が上？

○○は得意でも、
□□は苦手だから

　小学生になると、国語・算数・理科などの色々な科目の勉強が始まります。色々な勉強の中で、多くの子どもには得意と不得意が出てくるものです。国語や社会の文系科目、算数や理科の理系科目、音楽や絵の芸術科目などにおいて、最初の得意・不得意が現れてきます。

　そのとき、一般に、日本の学校でも家庭でも、「苦手科目がない」ことを求められやすい傾向にあります。得意を伸ばすよりも、苦手を克服することが優先されやすいといえるでしょう。

　例えば、得意な算数は 100 点、苦手な国語は 40 点の子がいたとします。その子は、「算数はすごい、でも国語はできてないから、国語の方も頑張りましょう」と個人面談でアドバイスを受けることになるはずです。また、算数も国語も 80 点を取れている子の方が、より高い評価を得やすくもあります。

　小学 3 年生の子だとしたら、算数で 100 点を取れていれば、もっと上の学年のレベルまで先取りしてまで得意を伸ばしていくことは重

視されにくいでしょう。それよりも、まず、ちゃんと苦手な国語を克服することが求められやすい傾向にあります。

「偏った天才」は生まれにくい

そうすると、「偏った天才」は生まれにくくなります。オールマイティな天才はごくまれに現れたとしても、ある1つの分野に突出した「偏った天才」は、苦手克服を優先する教育によってストップをかけられてしまいやすいわけです。その結果、周りと歩調を合わせられて、二歩、三歩と飛び抜けていくことはなくなり、良くても半歩先を行く程度に落ち着きがちになります。

ある特定の分野で秀でた能力を持っていれば、年齢に関わらず、どんどん上へ飛躍させていく仕組みとして、「飛び級制度」があります。しかし、日本では高校生未満の飛び級はできないように規制されていて、高校生以上でも、飛び級・飛び入学をした前例は限られています。

一方、アメリカや中国では、飛び級制度を使って、10代前半で大学にまで進学する子どもがチラホラといます。

若い才能を受け入れられる人・組織・社会

2023年6月、アメリカの14歳の少年が大学を卒業し、宇宙船の打ち上げや宇宙開発に関わるサービスを展開するベンチャー企業・スペースXにソフトウェアエンジニアとして入社することが大きなニュースとなりました。[20] 彼は、小学3年生のとき、小学校の勉強にやりが

いを感じなくなると、両親のサポートのもと2年制大学のコミュニティ
カレッジへ入学します。

11歳でカリフォルニア州のサンタクララ大学・工学部へ編入し、コ
ンピューターサイエンスやエンジニアリングの勉強を始めると、さらに
飛躍を遂げて、同大学を最年少で卒業し、世界有数のベンチャー企業
へ加わっていったわけです。

得意を極めて飛躍していく少年。その飛躍をストップさせずに、サ
ポートする家族や学校。年齢に対する偏見なく、能力やポテンシャル
を見極めて採用する会社。こうした人・組織・社会に、「若い才能」「偏っ
た天才」を受け入れる価値観があるからこそ、「飛躍」は成り立つのです。

日本では、子どもの頃の習い事から、大人になってからの会社まで、
「飛び級」を認めない価値観が根強くあります。習い事では、上のク
ラスに上がれるのは「○歳から」「○ヶ月通ってから」といった縛りが
あることは珍しくありません。会社において、昇格できるのは「○年
目から」「上の枠が空いてから」など、順番を待たせたり、年功序列を
強いたりすることは、さらに一般的です。

優秀な人材を集める「天才少年プロジェクト」

中国の大手通信機器メーカーのファーウェイは、2019年から、学
歴や年齢に関わらず、優秀な人材を世界から集める「天才少年プロジェ
クト」を始めています。※21「少年」といいながらも、実際には女性も
含まれるし、年齢も大学・大学院卒の20代がメインで、優れた理系

の人材を破格の待遇で迎え入れる取り組みになっています。

　報酬は初年度から1800万円〜4000万円で、業界の水準の5倍の高額が用意され、プロジェクトの開始以来、300人を超える「天才少年」が迎え入れられているといいます。

　会社のパフォーマンスや成長可能性を決定づけるのは人材であり、良い人材を集めるためには、それ相応の待遇・報酬が必要不可欠になります。アメリカや中国の会社が、年俸制や出来高制で優秀な人材を獲得するのは、プロスポーツチームが優れた選手を集めるのと同じ感覚といえるでしょう。そこに縛りや年功序列などを設けていたら、国内外のライバルに優れた人材を奪われ、自分の首を絞めることになってしまうのです。

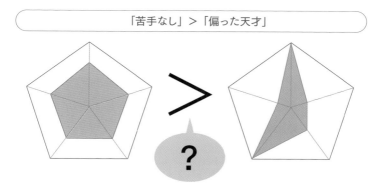

「苦手なし」＞「偏った天才」

※20　BUSINESS INSIDER「スペースXの新入社員は14歳の天才少年…サンタクララ大学の工学部を最年少で卒業」を参照。
※21　IT media ビジネス ONLiNE「新卒年収4000万円も　ファーウェイ「天才少年」を世界で公募開始」を参照。

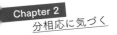
中学生になったら「夢より目標」

夢みたいなことばかり
言ってないで

　小学生の頃は、自由な夢が持てます。将来は、「プロスポーツ選手になりたい」「世界一になりたい」「宇宙飛行士になりたい」など、卒業文集には色々な「自由な夢」が書かれます。

　しかし、中学生になると、次第に、夢よりも「地に足の着いた目標」を持つように、学校でも家庭でも、半ば強制されがちです。

　「夢みたいなことばかり言ってないで」「もう『いい年』なんだから」「そろそろ『子ども』じゃないんだから」といって、その時点における運動能力や学力、経済力などから、「(周りから見て)現実的に手が届きそうな目標」を持つように誘導されやすい傾向にあります。

　これは、つまり、まだ10代前半の時点で、自分にとっての「分相応な目標」を持たせる教育が行われやすいということです。

　だから、「日本の若者には夢がない」というのはごく自然な結果です。そうなるように教育されるから、に他なりません。一定の年齢を経た学生も、大人になった社会人も、自分の夢を持つことはほとんどなくなくなってしまいます。

　就職活動のときには、面接のために「夢に近い目標」を用意しますが、いざ働き始めると、それもすぐに消えてしまいやすいものです。

　「夢がない」は、会社のトップに立つ経営者にも当てはまります。昔と比べて、多くの日本の経営者が、「組織が目指す夢」を掲げなくなっています。それは、縦割りの部署をローテーションで回るキャリアを歩んできたことで、自分が所属した部署の、数年ごとの知識や経験しかなく、会社の全体像を語りにくい場合もあるでしょう。

　また、３年や５年といった限られた期間だけトップを任されることが分かっているため、それ以上先の未来まで語る立場にはないと割り切っている場合もあるでしょう。

夢は「大ぼら」なほど語っていい

　総じて、「サラリーマン社長」よりも、創業者でもある「オーナー社長」の方が、自分事として「会社の夢」を持ちやすいものです。「自分の会社」として、一国一城の主のような感覚を持てるためです。
　日本電産を創った永守重信さんは、自身と、ファーストリテイリングの柳井正さん、ソフトバンクグループの孫正義さんを合わせて、「大ぼら三兄弟」と呼んでいます。それは、三者は共通して、「大ぼら」に聞こえるほど大きな夢を掲げるからだといいます。

　けれども、それが実現しない「ほら話」で終わらず、夢を実現し、さらにその先の夢を追い続けていることは、それぞれの足跡が証明し

ていることでしょう。この三者が特別な存在として取り上げられるほど、日本において「夢」は持たれにくくなっているものです。

夢を持つことは、青くさく、どこか気恥ずかしさや後ろめたさがあって、「まだ『夢』なんて言ってるの？」「いつまで『夢』なんて持ってるの？」と嘲笑されるような対象とされがちです。だから、「ジャパニーズドリーム」という言葉を耳にすることはほとんどないでしょう。

しかし、「アメリカンドリーム」「チャイニーズドリーム」という言葉はよく耳にします。スポーツの世界で成功を掴んだり、音楽や演技の道で成功したり、ベンチャー企業を作って成り上がったりして、夢を叶えることを意味する言葉です。

規模や数に差はあるとしても、スポーツ・音楽・演技の「ドリーム」は、日本にもあります。しかし、ビジネス・仕事における「ドリーム」は、やはり日本にはとても少ないものとなっています。

スターバックスコーヒー・CEO が
年の初めに妄想する「5 年後の夢」

トップに限らず、現場に立つビジネスパーソン一人ひとりにとっても、夢を持って働くことは大切です。夢の大小は関係ありません。「自分が何をしたいか」「どんな風にやりたいか」「何者になりたいか」といった夢を持って働くことで、意識を変え、行動を変え、「分相応な今の自分」を分不相応に変えていくことができるようになるからです。

スターバックスコーヒーで日本のトップを務める水口貴文さんは、30

代前半の頃から20年以上続けている習慣として、毎年、その年の初めに「自分の5年後の夢」を妄想するようにしているといいます。※22

　5年後の自分はどんな人間になっていたいか。どんな仕事をしたいか。どんな人間関係の中にいたいか。仕事の他に、どんな趣味を楽しんでいたいか。「ならなきゃ」ではなく、「なりたい」自分を妄想し、5年後にそうなるために今年は何をしようかを考え、行動するように心がけ、また次の年になったら妄想を更新するのです。まさしく、夢を持つことで、意識を変え、行動を変え、自分を変えていく習慣といえるでしょう。

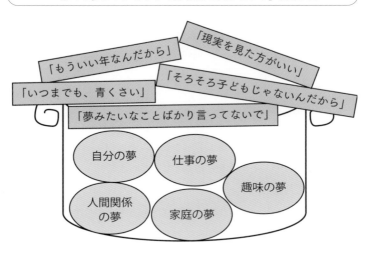

色々な夢にフタをする「分相応を良しとする」言葉たち

※22　ツギノジダイ「スターバックス水口貴文CEOが20〜30代で身につけた2つの習慣」を参照。

気づいたら、質問ができなくなっていた

 恥ずかしいから
目立ちたくない

　小学校の授業参観や公開授業を見てみると、驚く光景を目にすることができます。それは、子どもたちが、我先にと競い合って「はい！」「ぼくも！」「わたしも！」と手を上げて質問や発言をしている姿です。全員とは言わずとも、本当に多くの子どもたちが、元気良く、積極的に授業に参加しています。

　しかし、この活気あふれる光景は、中学・高校・大学と進んでいく中で、いつの間にか失われていくことがとても多いものであるのが現実です。

　幼稚園や小学校までは、無邪気に積極的になれていたものが、中学校を過ぎたあたりから、「変に目立ちたくない」「和を乱したくない」「みんなもしないから」と、手をあげなくなっていきます。

　その要因として、1つには、「失敗は恥」と考えてしまう感覚があります。失敗を、トライ＆エラーにおける学びとして前向きに捉えられずに、ただの失敗として恥ずかしく思い込む感覚が強いのが日本の特徴です。だから、質問や発言をして、もし的外れだったり、間違ってい

たりして、失敗して恥をかきたくない、という思いが強くなっていくと、授業中に手をあげなくなってしまいます。

　もう1つの要因は、誰かが挑戦したり、目立ったり、失敗したりする姿を嘲笑する感覚です。「なに頑張っちゃってるの?」と斜に構えて、他者を斜めに見る感覚があると、「自分はそうされたくない」と自分も予防線を張ってしまい、授業中に手を上げることができなくなっていきます。

　自分に関係のないことであっても、むやみに騒ぎ立てて、無責任にからかったり、嘲笑したりする「野次馬根性」は、SNSが普及したことで、昔よりもはるかに「見える化」しました。だから、「みんながやってること」と思い込んで、ネット上だけでなく、リアルでも、以前よりも誰かを嘲笑する感覚は強くなっているでしょう。

頑張るのは就職活動のときだけ

　学生時代を通じて、多くの人が「手を上げない」を当たり前化していきます。しかし、就職活動のときだけは、周りよりも目立ち、内定を勝ち取るために頑張るものです。

　しかし、いざ社会人になると、また学生時代のように積極性は影を潜めがちです。会議があっても、強制されなければ、わざわざ積極的に発言をしない人の方が多いことは確かでしょう。発言をしても損をするだけ、と思うからこそです。

良い発言なら、「じゃ、あなたが担当して」と、言ったからには自分でやることになって、「言い出しっぺが損をする」傾向にあります。また、悪い発言なら、「頭が悪い」「空気が読めない」「ズレてる」などとマイナスの烙印を押されてしまう可能性があります。

日本は「穴」を探し、海外は「面白さ」を伸ばす

日本の学会と、海外の学会を比べてみると、じつは大きな違いがあります。どちらも、発表の時間と質疑応答の時間があらかじめスケジュールされています。一般に、日本ではスケジュールされた時間をきっちり守り、まず発表、次に質疑応答と順番に進行します。

質疑応答の時間になると、まずはベテラン・大御所の人が質問をして、それがひと段落つくと、空気を読みつつ、若手も少し質問をします。全体的に、「面白いけど、ここは……」と、重箱の隅をつつくように「穴を探す」タイプの質問が出やすく、質問の数は少なめで、質疑応答の時間を短く切り上げて終わることも珍しくはありません。

一方、海外の学会では、発表の時間中でも、気になる点や面白い点があったら、どんどん質問の手があがります。発表を途中で止めて、質疑応答に対応し、また発表を再開することが一般的です。

若手でも、年功序列の空気を読むことなく、遠慮せずに質問・発言ができる空気になっています。また、「面白いから、もっと……」と、発表内容をさらに発展させたり、別の形でもっと面白くしたりできる、

など「面白さを伸ばす」タイプの発言・議論が中心です。

　予定の時間内では終わらず、その後も立ち話で議論を続けることも
よくあります。筆者の経験上、こうした「海外」の傾向は、アメリカでも、
ヨーロッパでも、アジアでも同様です。日本と、それ以外で、大きな
違いがある印象です。そして、この違いは学会という場に限らず、ビ
ジネスパーソンの職場に広く当てはまる傾向でしょう。

　質問や発言は、もちろんアイデアや企画をより良いものにするため
に重要ですが、それだけでなく、場の空気を活気づける意味でも大切
なものです。的を射た発言、気の利いた質問だけでなく、何気ない軽
い一言も、議論の助走となって、その後に活気づいていくための潤滑
油のようになり、じつは必要な存在です。だから、それができる空気
や環境を整えることが、組織や上司の役割にもなるのです。

> 質問をできなくさせる2つの要因

失敗は恥	野次馬根性
「恥はかきたくない」	「なに頑張っちゃってるの」

本当は色々おかしい日本の部活

ダメなものはダメだから

　中学・高校の6年間は、価値観や人格を形成していく上で、とても大切な期間となります。その期間の大きな活動の1つになっているのが、部活動です。学生たちは、運動系の部活でも、文化系の部活でも、それぞれにかけがえのない青春を謳歌することができます。

　そこに、疑問を持つことはあまりないかもしれません。しかし、海外から見ると、特に運動系において、日本の部活動には2つの「異常性」があるのだといいます。[23]

トーナメント制の大会が多すぎる

　1つめの異常性は、1回負けたら終わりのトーナメント制の大会ばかり、という点です。野球、サッカー、テニスなど、多くの競技において、総当たりの勝敗で競うリーグ制ではなく、トーナメント制が当たり前になっています。4000校が出場する場合、1回戦が終わる時点で、負けた2000校は活動が終わってしまうことになります。

　優勝するまでの道のりには、ただ1回の負けも許されません。だか

ら、必然的に、「負けない」ための技術や戦術を重視するようになります。「点を取られなければ負けない」が基本である以上、守りを優先しやすくなるのは当然でしょう。

　しかし、こうした「負けない」ための戦い方や考え方を偏重すると、「勝つ」ための攻撃や挑戦的なプレーからはどんどん遠ざかっていってしまいます。

　本来のスポーツとしては、トーナメント制だけでなく、勝っても負けても次の試合があるリーグ制で、MTM（Match Training Match）が望ましいものとされています。MTMとは、試合をしたら、その結果を踏まえて、選手も指導者も考えてトレーニングをして、次はより良い試合ができるように挑む、「試合 → 練習 → 試合」の流れを意味します。

　この「MTM」の繰り返しが、選手と指導者の成長にとって大切であると考えられています。

　こうした問題意識の下、サッカーにおいて、構想から10年近くをかけ、苦労の末に実現したのが、2011年から始まった日本サッカー協会主催の「高円宮杯U-18サッカーリーグ」です。

　各都道府県に分けられる「都道府県リーグ」、その上の全国9地域に分けられる「プリンスリーグ」、さらにその上の東西2つに分けられ

※23　DAZN NEWS「「人に指導することは難しい」。日本から若くて優秀な指導者が出てくるためには ｜ 内田篤人の FOOTBALL TIME」、livedoor NEWS「「ドイツにサッカー部は存在しない」日本との育成環境の違いが興味深い」を参照。

る「プレミアリーグ」の三層構造で、4月から12月までかけてリーグ
戦が行われるものです。それぞれのリーグの上位チームと下位チーム
では、毎年、入れ替え戦もあります。

　このリーグ制の創設は、健全なMTMの中で技術・戦術・マインド
を成長させることができる環境づくりの大きな前進といえるでしょう。

応援に専念する部員たち

　海外から見た「日本の部活動」のもう1つの異常性は、応援に専
念する部員たちの存在です。そもそも、学校に部活動というものがなく、
学外のクラブチームなどに所属してスポーツをする国もあるため、感
覚が異なるのは当然の部分もあれど、それにしても「(試合に出られな
いのに)応援に専念する」部員は、異様に見られることが多いといい
ます。

　野球やサッカーの強豪校では、部員が200人、300人といった規
模になりますが、試合に出られるのは10名前後、ベンチに入れるの
は20名強です。それ以外の大多数の部員は、応援席で、プレーする
仲間を鼓舞するために応援に専念します。

　共に練習に励み、切磋琢磨してきた仲間のために、自分はプレー
できなくても応援する。その献身性や仲間意識は、美徳として広まって
いるといえるでしょう。しかし、それは日本の当たり前ではあっても、
文化の異なる海外から見ると異常に見えるということです。

　「選手ではなく、サポーター(応援団)か?」「なんで自分がプレー

できなくて悔しいのに、応援しているんだ?」と純粋な疑問を持たれるそうです。海外では、応援することは素晴らしいが、それでも、「我慢して応援すること」が、「自分でプレーすること」を超えることはないのが当たり前だからです。

自分が活躍できる環境を選んでいい

　もし試合に出られないなら、1つレベルを下げて、現在の自分がプレーできるレベルを選んで、そこで活躍する。今よりも上のレベルを目指してチャレンジをしつつも、自分が試合に出てプレーすることを楽しみ、1番大切にする。こうした感覚を持つことが、海外の当たり前になっているのです。

自分にとっての
正解を選ぼう

　「絶対に負けちゃダメだから」と負けないように頑張ったり、「試合に出られなくても、応援しなきゃダメだから」と我慢したりすることは、本当は、不変的な「ただ1つの正解」の感覚ではないわけです。誰もが受け入れて当たり前の感覚ではないことを、ぜひ知っておきましょう。

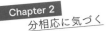
推薦入試を選びたい親子の本音

❌ 失敗だけはしたくないから

　大学選びは、子にとっても、親にとっても、一大事です。近年の大学選びでは、推薦入試を重視する傾向が年々高まり続けています。高校3年生の学年が始まったら、年内のうちに推薦入試で、確実に進路を決めたい親子が増えています。

　2000年には全体の33.1％だった推薦入試を選ぶ学生の割合は、2022年には50.3％まで高まり、初めて過半数を超えました。[24]
　大学を選ぶ際に重視している要素では、「大学の知名度」は以前よりも減少傾向にあり、「合格が早く決まること」や「試験日や試験会場が多く、受験しやすいこと」などが増加傾向で、早く安全に進路を決められることが求められています。

　こうした傾向の背景には、受験勉強にかかる過剰な労力・コスト・ストレスなどを避けたい思いや、一般受験で高望みをして失敗してしまうリスクを回避したい思いがあるでしょう。

　推薦入試は、「今の自分の学力」以内の大学へ確実に進学する選択

肢です。一方、一般入試は、合格できないリスクを踏まえながら、「今の自分の学力」以上の大学への進学にも挑戦できる選択肢です。高校の出席状況や成績が悪くても、偏差値が足りなくても、事前の模試の判定が悪くても、本番のテストで1発逆転を狙うことができます。

推薦入試を重視する親子が増えているということは、もともとリスク回避を好む傾向にある日本の人々が、さらに安全を最優先し、「やってみなきゃ分からない」ような選択肢を「リスクがあるから」と選ばない傾向に拍車がかかると考えられます。

実力以上のチャレンジを「しない」選択

私の恩師は、ときどき、大学の授業で「この中で、推薦入試や内部進学で大学に進んだ人はどれくらいいる?」と言って、手をあげさせていました。

教室の3～4割ほどの学生が手を上げました。すると、彼らに対して、「あなたたちは18歳の時点で、自分の実力以上のところへチャレンジしない選択をしたことになる。でも、社会に出てからもそれを続けてしまったら、成長できなくなる。今の自分の実力以上の物事にもチャレンジできるようになってほしい」と伝えていました。

※24 文部科学省「【参考資料2】大学入学者選抜関連資料集（その3）」、THE SANKEI NEWS「入学定員の半数は「推薦組」、進路めぐり一般入試組との間で教室もやもや　変わる大学入試」を参照。

　これは、少し乱暴な意見かもしれません。ただ、厳しくも優しく、鋭く刺さる、応援の言葉だったことでしょう。

　もちろん、推薦入試を選ぶことが悪い選択ではありません。推薦入試を選んだから、その学生がリスクを取らず、チャレンジしていないと言い切るのも、極端な意見です。

　また、学生には入試以外にもチャレンジの機会は色々あります。ただ、若いときにリスクを覚悟で挑戦するマインドや行動をした経験がないことが、その後、ビジネスパーソンとして働いていくときにネガティブな影響を及ぼすだろう、ということは確かに指摘できるでしょう。

勇気と覚悟を持って挑戦する大切さ

　リスクのある挑戦的な選択肢を選ばず、安全策を取るクセがついているビジネスパーソンは、前例にない商品開発やデザイン、広告、販売に踏み切ることは難しくなります。まだ存在していないような新しい価値を創るイノベーションに、勇気と覚悟を持って、挑戦することはなおさら難しいはずです。

　新しい会社を立ち上げて、通常では考えられないほどの速度で、組織とビジネスを拡大させていくベンチャー企業を志す道は、自分の人生の選択肢として考えにくくなって当然です。

　今の自分にとって、手堅く、安全な選択肢。自分が現時点で、楽に選べる選択肢。これらは、分相応で、無難な選択に思えるかもしれま

せんが、同時に、自分の成長の芽をつんでしまう選択にもなりえます。

スポーツでは、今の自分にとってハードなトレーニングをしてこそ、成長することができます。今の自分にはハードな長距離を走ることで、筋力やフォームが育っていきます。ハードな重量を持ち上げることで、筋繊維が傷つき、超回復して、筋肉が増えていきます。

これは、身体のトレーニングだけに当てはまる話ではなく、頭のトレーニングでも同様です。頭を使って行う仕事でも同じことになります。今の自分にとって、ただ楽な仕事を選んでも、技術や能力の向上は期待できません。

今の自分にとって「ちょうどいい負荷」がかかる仕事を選び、そこでトレーニングをすることで、ビジネスパーソンとして成長して、「できるようになる面白さ」を味わえるようになるのです。

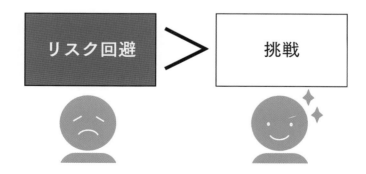

「挑戦」を上回る「リスク回避」

リスク回避　＞　挑戦

「つぶしがきく」を重視しがちな将来選び

この先何が
あるか分からないから

高校から大学にかけての時期は、選択の連続です。高校の終わりには大学選びと学部選び、そして大学に入ってからはゼミ選び、就職活動における会社選び、と学生たちは「自分なりの基準」で「自分なりの正解」を探して、自分の将来を選択していきます。

そうした選択のとき、「何があるか分からないから」と考えて、より安全策を選びやすい傾向にあります。景気・社会・世の中がどうなるか分からないから、子ども自身も安全策を選びたいし、親も子どもに安全策を選ばせたい、と考えるのは自然な傾向といえるでしょう。

コロナ禍という世界を揺るがすほどの大変な事態を経験したことで、人々の安全志向は、より一層、強まったと考えられます。

だからこそ、子どもの将来の選択では、「つぶしがきく」が重視されやすくなります。正確には「潰しが効く」で、金属で作られたモノは溶かせば再利用してまた役立てられることから、本来の目的だけでなく別の目的にも有効活用できたり、役に立つ幅が広かったりする、便利で無難な物事をあらわす言葉です。

人は手堅く、安全そうな選択肢に偏っていく

　大学選びでは、早く、確実に安心できる大学が選ばれやすくなっているのに加えて、卒業後に「ちゃんと就職できる」大学であることがますます重視されるようになっています。

　具体的には、就職率の高さ、就職できる業界の広さ、大学の事務員や教員による就職支援体制など、「ちゃんと就職できる」環境かどうか、が大学選びにおける大事な要素になっています。

　「やりたいことが見つかる」という要素も大切ですが、「やりたいことが見つかる」けれども就職に関しては野放しで自己責任……では、高校生に進学先として選ばれにくくなっていることは確かです。

① 学部・学科
　その大学の中でどの学部を選ぶか、という学部選びでは、「つぶしのきく」ビジネス系の学部が手堅い選択肢になります。会社と消費者の取引について具体的に学ぶ商学部、会社の組織や戦略について掘り下げて学ぶ経営学部、広い視点で環境や影響について学ぶ経済学部。

　この３つの学部の特徴や違いについて、正確には把握できていなくても、「とりあえずビジネスに関することを学んでおけば、就職活動で不利になることはないだろう」というのが多くの人の本音でしょう。

　また、理工系の学部を選び、専門知識を身につける選択肢も人気です。大学院まで進むことで、ゼミの研究室と繋がりの深い会社へス

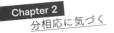

ムーズに入社していけることも珍しくありません。

　一般に、文系と理系では、就職活動において応募する会社の数は大きく異なる傾向にあります。文系は 30 〜 50 社にエントリーするのが当たり前ですが、理系、特に大学院卒になると、10 社未満のエントリーで内定を取れることはよくあります。それだけ、手堅い就職活動になりやすい、といえます。

② ゼミ

　ゼミ選びでは、楽なゼミと、しっかり実践的なゼミに二極化する傾向があります。前者は、就職活動を念頭において、自分で進める就職活動の邪魔にならない、形だけの楽なゼミを選びやすいということです。対照的に、後者は、自分の就職活動に有効活用できる、しっかりハードな活動をする実践的なゼミを選びやすくなることです。

　何もしなくていいゼミか、発表やディスカッション、会社との産学連携活動やビジネスプランコンテストなどに色々と挑戦する実践的なゼミか。「邪魔しない」ゼミか、「つぶしがきく」ゼミか。両極端のゼミを、自分なりの基準によって選ぶ学生が増えています。

③ 就職活動

　そして、就職活動における会社選びでは、学力や、ハードワークをしたいかどうか、ハードワークできるかどうか、などの要素によっても変わりますが、中小企業やベンチャー企業よりも、大企業、および大企業のグループ企業が好まれやすい、という全体的な傾向は続いてい

ます。

　さらに安全・安定を求めれば、公務員を志望するようになります。
やはり、日本では「大手」「有名なところ」「安定していそうなところ」
が選ばれやすくなります。自分自身も安心できるし、親も安心する、
結婚するときに相手や相手の親も安心する、といったことが背景にあ
るでしょう。

　また、入社してから何かトラブルがあっても、大手を選んでおいた
方が、その後に転職が上手くいきやすい、という意味での「つぶしが
きく」理由もあります。

選択理由として重視される「つぶしがきく」

「つぶしがきく」

●
●
●

| 大学選び | 学部選び | ゼミ選び |

| 会社選び | 「働き方」選び |

「生き方」選び

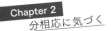
会社で評価されやすい「我慢力」

言うことを聞いておけば
とりあえず OK

　就職活動や、その後の社会人生活において、会社から高く評価されやすいタイプとして「体育会系」があります。大学を通じて部活動をしっかりやってきた体育会系の学生が、就職活動に強く、会社に入ってからもビジネスパーソンとして活躍しやすい背景には、それ相応の理由があります。

① コミュニケーション能力に長けている

　まず、野球やサッカー、アメリカンフットボールといったチームスポーツの経験から、コミュニケーション能力に長けていて、チームでの情報共有や団体行動に慣れている点があります。会社における仕事は、基本的に個人プレーは少なく、チームプレーがメインです。

　チームを作り、上司から指示を受け、仲間と情報共有や役割分担をして、課せられた役割を全うする、というのが一般的です。体育会出身者は、そうした働き方に、早くスムーズに順応しやすいわけです。

② 身体的・精神的にタフ

　また、身体的・精神的にタフである点も特徴とされています。部活

動のハードな練習や試合で鍛えられてきたため、体力も精神力もあらかじめ備わっていることが期待されます。監督や先輩から厳しい指導を受けても、正面から受け止められたり、程よく聞き流しながら上手く対応したりする「タフさ」を持っている人が多いでしょう。

③ 命令を「ちゃんと聞く」

組織のルールや上司の命令を「ちゃんと聞く」という点があります。部活動の経験から、年功序列を重んじる価値観が染みついており、ちゃんとルール通り、命令通りに頑張ることができる人が多いのです。

厳しくつらい環境にも我慢強いため、「すぐに仕事をあきらめない」「不満があっても文句を言わない」「簡単に会社を辞めない」といった会社にとってのメリットが見込めます。

④ 勤勉性が高い

また、勤勉性が高いことから、たとえ報われなくても真面目に働き続けてくれる、という特徴もあります。総じて、会社や上司にとって、「いい部下」「いつも頑張ってくれる」存在で、便利で管理しやすく、それゆえに高く評価されやすい、といえます。

大企業向きの「スペシャリスト型」
ベンチャー・中小企業向きの「ゼネラリスト型」

現状に疑問を投げかけたり、自分の意見を持って反発したりして「変えよう」とはせずに、「言うことを聞いて」と言われれば素直に聞き、言われた通りに頑張る。こうした特徴を持つ人材は、大きな組織で、

上下関係や役割分担が明確になっていて、ルールが決められた環境の方が活躍しやすいタイプです。1つの役割を全うする「スペシャリスト型」といえるでしょう。だから、大企業に好まれるし、向いていることになります。

このスペシャリスト型と対照的なのが、色々な役割を持って、部門横断的にあれもこれもと組み合わせて対応する「ゼネラリスト型」の働き方です。ゼネラリスト型は、例えば、開発担当であっても、ときに営業や広報の役割もこなして、総合的な対応ができるタイプです。

「何でも、すぐに対応できる」という属人的な強みを発揮する中小企業。数人から始まって十・百・千とケタ違いに規模を急拡大させていく中で、役割が横断的になり、またそのときどきの規模や状況によって、流動的に柔軟な対応を求められるベンチャー企業。こうした組織では、ゼネラリスト型の方が働きやすく、活躍しやすくなります。

文句を言わず、反抗せずに、黙々と、勤勉に働く。こうした体育会系の特徴は、じつは海外から見れば、日本の人に広く当てはまる特徴になっています。その意味では、これまで見てきた話は、体育会系でなくとも、誰もが自分事として考えていいかもしれません。

日本の描写が間違ったままのハリウッド映画

ハリウッド映画では、日本を舞台にした作品が数多くありますが、いまだに日本の描写がめちゃくちゃなものがほとんどです。[25] それに

比べて、中国や韓国を舞台にした作品では、現代の中国・韓国それぞれの「間違っていない描かれ方」がされていることが多いといいます。その理由は、「日本人は抗議しない」からと指摘されています。

　あるハリウッドのプロデューサーは、「日本人は怒らない」から、わざわざ配慮した表現をする必要がないと説明したといいます。一方、「中国人や韓国人は、自分たちが気に食わない表現があると、烈火のごとく怒り、すぐにストライキをする」から、そうなってしまうと大変なので、あらかじめ配慮した表現をしておくのだそうです。

　日本は、ハリウッドが作るままを受け入れるだけで、もし不満があっても黙っている。一方、中国と韓国は、しっかり問題意識を持って自己主張をして、自分たちの主張を通す。また、現在の新しい中国人像・韓国人像を自らハリウッドへ発信して、イメージを自分たちの手で更新していく。

　こうした「日本とハリウッド」の関係性は、そのまま「日本のビジネスパーソンと会社」の関係に当てはまるものではないでしょうか。黙っていて、自ら主張しなければ、損をするだけであり、「中国・韓国とハリウッド」の関係を目指した方が良いことは明らかです。

―――――
※25　週刊女性 PRIME「寿司職人、日本兵、サラリーマン、海外映画の「ニッポン」が"おかしいまま"のワケ」を参照。

色々な理由から、「やめた方がいい」と思う

まだ分からないだろうけど、やめた方がいい

　ビジネスパーソンとして働き始めていく中で、最初は、積極的にアイデアを発言したり、自分なりの改善提案をしてみたりする人もいることでしょう。しかし、彼らの多くが、色々な理由で「積極的に意見を出すのはやめた方がいい」とストップをかけられる経験を味わいます。

　「まだ分からないと思うけど、やめておいた方がいい」という、一見、親切なようにも思えるアドバイスを沢山もらっていきます。この言葉の前には、「若いから」「経験がないから」「業界や会社の暗黙のルールを知らないから」「会社やチームのやり方と違うから」……など、色々な理由が見え隠れしがちです。

　そうした上の人たちからのアドバイスは、自身も同じようにやって失敗した経験から、本当に親切心で言ってくれている場合もあります。若手が調子に乗ったり、むやみに活躍したりしないように、難癖をつけて頭を押さえつけるための嫌がらせの場合もあります。
　いずれにしても、「分相応を良しとする」価値観を押し付けられることに変わりはありません。

より新しい提案、より面白い提案をしてみても、上の世代の人々に、「リスクがあるんじゃないの?」「前例がないから、危ないでしょ」「失敗したら、責任を取れるの?」「問題が起きて、クレームが来たらどうするの?」といった「減点を探すアドバイス」を浴びせかけられて、提案をつぶされる。

これは、商品・サービス・プロモーションの企画会議など、多くの会社における日常といっても過言ではありません。

何度かは粘ってみても、この「減点を探すアドバイス」が立ちはだかり続けることで、多くの若手は「これはもう無理」「頑張ろうとしても報われない」「この会社じゃ、仕方ない」「どうせ……」とあきらめていってしまいます。

分相応を良しとする、組織の「分相応の空気」に飲まれていくのです。

世界の中で、日本だけが変われなかった理由

コロナ禍が猛威を振るった 2020 年 9 月、アメリカの大手コンサルティング会社のマッキンゼーは、日本への緊急提言レポートを発表しました。[26] これは、コロナ禍で対人接触を減らすために、世界中がデジタルサービスを急速に拡大させている中、日本だけが変われていない異常事態にあることを問題視したものでした。

オンラインでの会議・教育・医療・エンターテインメント・デリバ

※ 26　Mckinsey&Company「マッキンゼー緊急提言　デジタル革命の本質：日本のリーダーへのメッセージ」を参照。

リーといった色々な分野のデジタルサービスにおいて、アメリカ・中国・欧州各国・韓国・インドなど、ほぼすべての国が半数以上の分野で 10％以上、利用割合を増加させていました。

そんな中、日本だけは 10％未満で、コロナ禍でも企業や行政がデジタルサービスを充分に展開できなかったことが指摘されています。

その大きな原因は、知識がないにもかかわらず、権限を持ち続けて、現場の邪魔となるシニア層の存在です。現場の若手にのびのびと活躍をさせて、マネジメントのシニア層はそのサポートや環境づくりをする、といった役割分担はなく、若手の意見を聞かず、ときには若手と張り合って潰そうとするようなシニア層が一定数いるためです。権限を持つ者が、覚悟を持って変革を行い、本気で新しい挑戦をしないから、コロナ禍における日本のデジタル変革は失敗したといえます。

熱意・没頭・活力を持って働く

こうした閉塞的で変わらない組織で、我慢を続けて働くことによって、「退屈症候群（ボアアウト）」になる人が増えてきています。※27 退屈症候群とは、仕事のやりがいがないことで、やる気を喪失したり、不安や悲しみを感じたりして、心身を害してしまう状態のことです。あまりに単調で刺激のない仕事が続くことで、ストレスがたまり、自己肯定感の低下や、不眠や鬱の症状がでてくるとされます。

ハードワークをしすぎて燃え尽きてしまい、極度の心身の疲労によって、仕事をする意欲をなくしてしまう「燃え尽き症候群（バーンアウト）」

とは、原因が対照的です。

　ビジネスパーソンにとっての理想的な状態は、やりがいと誇りを感じながら仕事に熱意を持ち、熱心に取り組んで、活力を得てイキイキしている状態と考えられています。熱意・没頭・活力の３つが揃っていて、ポジティブで充実して仕事ができる理想形を「ワーク・エンゲージメント」と呼びます。

　このワーク・エンゲージメントは、待っていれば、誰かが実現してくれるものでは決してありません。我慢して、心身共に疲れ果て、陰でグチをこぼしたり、少し慰められたりして、息抜きをしたら、また我慢する。これでは辛すぎます。自ら意識を変え、行動を変えて、自分を変えていく必要があるのです。

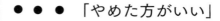

「退屈な仕事」は我慢すべきものではない

「まだ若いから」
「経験がないから」
「ルールを知らないから」
「やり方を知らないから」

● ● ● 「やめた方がいい」

退屈症候群（ボアアウト）

理想的な働き方（ワーク・エンゲージメント）

※27　日本の人事部「ボアアウト（退屈症候群）」を参照。

日本人がなかなかマスクを外せなかった理由

みんながそうしているから

　直近で、日本の社会の誰もが経験したのが、「マスク着用のルールが解除されたけど、なかなかマスクを外しにくい」という状況でしょう。

　国の公式見解として、マスクをつけるかどうかは「個人の判断」に任せるとアナウンスされても、前述の通り、日本の人々は文化的に「個人の判断」が苦手です。「自分」を、1人の個人としてではなく、集団の中の一員として考えやすいため、「個人の判断」と言われても、それは「集団の一員としての判断」になりやすいのです。

　だから、自分の周囲の「みんな」がマスクを外していなければ、自分1人が「個人の判断」でマスクを外そうとはなかなか思えません。3年近く続けてきた習慣を止める心理的な抵抗感もあるでしょう。

　職場の同僚、プライベートの友人、あるいは飲食店や電車・バスの中で居合わせた他人など、周囲の人々と違う行動を取ることで、変に見られたくないし、何か悪く思われたくないし、不要なトラブルにも遭いたくないでしょう。どれも、理解できる「マスクを外さない」理由です。

しかし、こうした価値観を持って、マスク着用を続けた社会・国は、世界の中でも日本くらいなものだったという事実は、確かに認識しておくべきでしょう。

　自分で判断するよりも、周りに合わせるクセが付いている。周りの目を気にしすぎる。周りと同じ行動を選びすぎる。周りと自分を同じ集団として考え、同じルールを守ろうとしすぎる。これらは、日本の特徴であり、「日本らしさ」といえるもので、海外からは異様なものとして見られるものでもあるのです。

　2023年の春、地方の人が東京に行ってみると、「もう、みんながマスクを外している」ことに驚いた、という話を聞いたことがあります。
　日本の中でも、さらに都市部と地方では、「みんな」の基準が異なることはよくあります。マスクを外すことに関して言えば、世界から日本を見ると、「え？　まだマスクしてるの？」であり、日本の中で都市部から地方を見ると、「え？　まだマスクしてるの？」だったわけです。

『すずめの戸締まり』が迷ったコロナ禍の描き方

　2022年11月に公開され、観客動員1100万人、興行収入147億円を超える大ヒットを記録した新海誠監督によるアニメ映画『すずめの戸締まり』は、2020年の初めに作品の企画が始まり、ちょうどコロナ禍と制作のタイミングが重なりました。

　作品の舞台は、2023年の日本としていたため、登場人物にマスク

をつけさせるかどうか、さまざまな場所に消毒液を置いておくべきかどうかなど、コロナ禍の影響をどれくらい作品に反映させるかを迷ったといいます。※28

　検討を重ねた結果、ほとんどコロナ禍の影響を反映させない決断をして、マスクは顔を隠そうとするときだけ、消毒液は置いてあるけどよく見ないと分からない程度にしました。

　その理由は、公開する頃、日本ではマスクが続いているかもしれないが、おそらく海外ではマスクの習慣は残っていないと予測し、劇中でいろんな人がマスクをしていたら「これはなんだ?」と、海外の観客にとってノイズ情報になってしまう、と判断したためでした。

　また、東日本大震災を過去のものとしない、という作品のテーマが、コロナ禍という新たな災害によって上書きされないようにしたい、という思いもあったといいます。

　ただ、上映終了後、DVD・ブルーレイ用に修正を加える際には、現実と作品をよりリンクさせたいと考え、2023年の実際の日本に近付けるために、マスクをしている人物を少し増やしたそうです。

日本に深く根付く、さまざまな「分相応の呪縛」

　第2章では、幼少期から大人になるまでの時系列に沿って、さまざまな場面で、無意識のうちに、分相応を経験する10個のエピソードについて取り上げてきました。

　もちろん、必ずしも 10 個、すべてを経験したとは限らないでしょう。個人的には、「すべてを経験済」ではないこと祈りたい気持ちです。

　ただ、1 つも経験していない人は、ほとんどいないと思います。自分事として、自分が経験してきた「分相応の壁」や「分相応の空気」を、読者の方それぞれに実感できたことでしょう。

　ここまでで、日本における「分相応の呪縛」について、確認し、自分事として納得してもらえたと思います。それでは、その呪いから自分を解き放って、「分不相応」に変わっていくためのマインドやアクションについて、本書の後半にあたる次章から提示していきましょう。

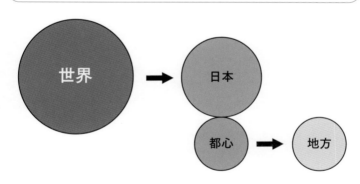

世界から見れば日本は遅く、都心から見れば地方はさらに遅い

※ 28　文春オンライン「「『うまくいかなかったな』という気持ちが強かった」あまり眠れず、涙が出ることも…公開から半年、新海誠監督が『すずめの戸締まり』に"今思うこと"を参照。

Chapter 3 | 相不分
試す

試しに、やってみる

【 KEYWORD 】

- 前例更新主義

- サイエンスとアート

- Wowファクター

- 期待不一致理論

- 完璧主義

- MVP

- アイデンティティ

- マイオピア

- タテの壁

- ヨコの壁

応 を

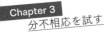
「変えてみる勇気」を持つ

✕ 前例がないから難しい

　まずは試しに、分相応の呪縛から自分を解き放って、一歩目を踏み出してみましょう。傍目には小さくとも、自分にとっては大きな一歩目を試しに踏み出すとき、お手本になったり、勇気をもらえたりするさまざまな事例と共に、この章では「踏み出すためのマインド」を紹介していきます。

　何よりも、1番に大切になるのは、まず「変えてみる勇気」を持つことです。これまでの自分を変えようとしてみる勇気です。何かを変えることには抵抗感が生まれやすく、また、1度の「試し」で変われるとは限らないでしょう。

　自分を1度の行動ですぐに変えられるのか、何度も続けることで変えられるのか。それは、ケースバイケースで、人によって、場合によって異なります。しかし、変えてみようとする一歩目がなければ、ずっと変わらないことは確かです。

　疑問や不満があっても我慢を続けてしまう自分。周りのことばかり気にする自分。周りの考え方や行動に従うだけの自分。こうした「いま

の自分」に問題意識を持って、「変わらなきゃ」と少しでも思ったのなら、その思いは飲み込まずに、変えてみる一歩目を踏み出しましょう。

「これは言い訳になるかもしれないけど」と言って、「かもしれない」ではなく、まさしく「言い訳」を並べて、我慢して現状維持を続ける方を選んでしまうのは、もう止めましょう。

変える勇気が生んだ「い・ろ・は・す」

現場に立つビジネスパーソンたちが「変えてみる勇気」を持ったことで実現したヒット商品が、じつは沢山あります。その1つに、日本コカ・コーラが 2009 年から発売しているミネラルウォーター「い・ろ・は・す」があります。[29]

「い・ろ・は・す」は、従来のペットボトルよりも 4 割も軽く、「日本生まれの天然水を、おいしく飲み、しぼって（つぶして）、リサイクルする」という環境への優しさを特徴にした商品です。

ミネラルウォーターの市場には、ボルヴィックやエビアンといった海外の強力な商品が数多くあります。「い・ろ・は・す」は、そこにあとから参入したにもかかわらず、発売開始からわずか 3 年で販売数 20 億本を超える大ヒット商品になりました。このヒット商品は、開発チームの「既成概念から抜け出した商品を作りたい」という信念から生ま

※29　東洋経済 ONLINE「「い・ろ・は・す」を 20 億本売った " 女マネ "」、サイボウズ チームワーク総研「「本当にしぼれる！」という驚きで、ミネラルウォーター市場を切り開く——「い・ろ・は・す」プロジェクトチーム」を参照。

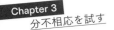

れた、前例にないミネラルウォーターです。

　まず、「い・ろ・は・す」という商品名が、ミネラルウォーターとしては異例のものです。前例では、横文字でクールな印象を与えるものや、水の産地を説明するものが当たり前でした。それを、日本語で物事の基本を意味する「いろは」と、健康と環境に良いライフスタイルを表す「ロハス」を組み合わせた造語を、子どもから老人まで分かりやすい平仮名で表した名前をつけたのです。

　いまでは当たり前の、商品のキャップやラベルに採用された鮮やかな緑色も、前例ではありえない選択でした。緑色は、お茶の定番カラーであり、ミネラルウォーターは白・青・水色が当然だったからです。これも、「環境へのやさしさ」「エコ」を表すため、緑色にこだわり抜きました。

　また、発売当時の広告も、業界の常識とは真逆でした。ミネラルウォーターでは、女性や若い男性を起用して、穏やかさ・ナチュラルさを強調する広告が定番でした。
　それに対して、大人の男性の阿部寛さんを起用し、テーマソングではサンボマスターによる力強いロックで、「世界を変えさせておくれよ」とオリジナルのメッセージを歌うテレビ広告を出したのです。

　名前・色・広告など、大きく前例を破る商品開発に対して、社内では不安視する声や反対する声が沢山あがったといいます。しかし、前例通りを求めるアドバイスや批判を受けても、開発チームは、「従来の

ものと同じようなやり方をしても、同じ評価しか得ることはできない」「徹底した選択をすれば、最大の効果を得られる」と信じ、自分たちの方針を貫きました。

　その結果、ミネラルウォーターとしてかつてない大きな成功を掴むことができたのです。

前例にとらわれない「前例更新主義」を持つ

　ただ単純に前例に従おうとする「前例主義」は、物事の良し悪しを自分で判断することをあきらめているのと同じでしょう。前例がなければ何もできないとしたら、そんな恥ずかしいことはないはずです。

　「前例がない」と「だから、できない」は直結しません。良い・悪いも、できる・できないも、基準は自分で作って決められるものです。ビジネスも、マーケティングも、仕事・働き方も、正解は１つではなく、自分なりの答えを作っていっていいのです。

　前例があるなら過去の情報として把握・分析し、前例がないなら「なぜ前例がないか」をしっかり検討したうえで、新しいチャンスを見つけて、前例を塗りかえていく「前例更新主義」を持つべきです。

　自分たちで言い訳はいくらでも出せるし、上や周囲からのストップも沢山出てくるかもしれません。それでも、「変えてみる勇気」を持ち、一歩を踏み出す大切さを、「い・ろ・は・す」は教えてくれます。

誰かの正論に負けない

みんなが言っているし、
当たり前でしょ

　今は、特にネットやSNSを中心に、「みんなが言っている」かのように見える、誰かの正論があふれています。しかし、それが「自分にとっての正解」になるとは限りません。

　そもそも、「みんなが言っている」ように見えても、少数の声の大きな誰かが叫んでいるだけで、本当は多数派の意見でもなんでもないことも多いでしょう。また、多数派の意見だったり、かつての通説だったりしたとしても、それを、今の自分にとっての正解として受け入れるかどうかは、あくまで自分が決めていいことです。

　当たり前、常識、前例、セオリー、普通、暗黙のルール……これらを安易に受け入れることで、単純化したり、思考停止したり、楽をしようとしたりせずに、しっかりと自分の頭で考え、自分にとっての正解を探して、作っていくマインドを身につけましょう。

「自分にとっての正解」を追求した「悟空のきもち」

　日本で初めての「頭のほぐし」専門店として誕生した「悟空のきも

ち」は、創業者の金田淳美さんが、「自分にとっての正解」を作っていくことで成功を掴んだ事例として紹介できます。※30 2008 年に京都で創業した「悟空のきもち」は、サービスを受けると 10 分で眠りに落ちる「絶頂睡眠」が大きな話題を呼び、メディアでたびたび取り上げられて、50 万人を超える予約待ちが続くほどの人気店です。

　小さな頃から「社長になりたい」という夢を持っていた金田さんは、働きながら経営を学んでビジネスを考えられる仕事として、会計士の道をまず選びました。会計士の仕事をする中で、頭痛や、眠っても疲れが取れない症状に悩まされていました。

　そこで思いついたのが、頭をほぐして癒すことに特化したビジネスでした。当時、頭の癒しに特化したサービスは存在しておらず、「ないなら、これは私にしかできない」と決意し、会計士をやめて起業したといいます。

　「頭を癒す」というビジネスには前例がなく、何が正解か分からない状態からのスタートでした。当時あったマッサージやエステなどを片っ端から自分で受けてみながら、勉強と実践を積み重ね、ある程度の技術を身につけたところで 1 号店をスタートさせます。

　そこで、お客からフィードバックを受けながら独自の技術を確立していき、21 の手法を用いるドライヘッドスパを編み出しました。そうして 2015 年から始めたのが、心地よい睡眠に誘う「絶頂睡眠」を提案

※30　NEWSPICKS「【京都】予約殺到の頭ほぐし店は、経営計画も役職もない」、東洋経済ONLINE「悟空のきもち「51 万人予約待ち」強烈人気の裏側」を参照。

するサービスでした。

　もともと「頭を癒す」ビジネスにも前例がないうえ、マッサージや
エステで「睡眠」を売りにするのも常識外のことでした。「サービスを
受けている最中に寝てしまったら、もったいない」や「寝るだけに、わ
ざわざお金は払わない」といった意見を周りからも沢山受けたし、金
田さん自身もそう思い込んでいたといいます。

　しかし、金田さんは、「多くの会社が起業され、どの経営者も必死
に勉強しているはずなのに、10年後に生き残れるのは5%ほどしかい
ない」という状況から、「同じことを勉強して、同じように頑張っても、
平均的な『よくある会社』として消えていきやすい」と考え、思い切っ
て、自分たちにしかできない発想や表現を打ち出すことを選択しまし
た。「成功例があるかどうか」という基準で物事を決めずに、「絶頂睡眠」
という他にない価値を追求することで、唯一無二のサービスとして人
気を集めていったのです。

　「当たり前でしょ」なんて言ってくる、誰かの正論に負ける必要はな
く、「自分にとっての正解」を探し、自ら作る意識を強く持つことの大
切さを、「悟空のきもち」は教えてくれます。

「セオリー」に負けなかった「ザ・チョコレート」

　2016年にリニューアルされた明治の「ザ・チョコレート」もまた、
正論をはねのけることでヒットを実現させました。[31] 食品の新商品は、
「1000に3つしかヒットできない」として「センミツ」と言われるほ

ど、ただの前例通りでは通用しにくい分野です。「ザ・チョコレート」も、2014 年に一度発売されるも、思うような成果をあげることができず、失敗を経験していました。

　失敗を踏まえて、開発チームは、メインターゲットである女性を魅了できる商品とデザインに特化する形でのリニューアルに踏み切りました。カカオ豆の比率を上げた大人向けのビターな味わいにこだわり、板状のチョコを「ギザギザ型」「ドーム型」「ミニブロック型」「スティック型」の 4 つに分け、形の違いによって風味の変化を楽しめるようにしました。そして、中身以上に、業界のセオリーをくつがえしたのが、パッケージデザインでした。

　セオリー通り、チョコの写真やイラストを出して、どんな商品なのかを分かりやすく具体的に伝えることはせず、カカオの実を象徴的に見せるデザインを選択したのです。この選択に対して、社内で不安視する声は多く、「中身が分からない」「売れるわけがない」と言われたといいます。しかし、年配の上層部に対して、「あなたの年代がターゲットではない」と言い切って説得し、リニューアルにこぎつけました。

　その結果、デザインが大きな話題を呼び、220 円前後というプレミアム価格にもかかわらず、発売後 1 年で 3000 万個を売り上げる大ヒット商品になりました。

―――――
※31　withnews「「あなたの年代がターゲットではない」と反論　目標の倍売れたチョコ」、リクナビ NEXT ジャーナル「「あなたの年代がターゲットではない」上司へ放った"あのひと言"の真相｜明治のチョコレート革命」を参照。

いつでも「やってみなきゃ分からない」

 リスクがあるでしょ？

　何か新しい一歩を踏み出そうとするとき、周囲は「リスクあるでしょ」「本当に大丈夫？」と簡単に口にして、ストップをかけてきます。自分自身でも、同様の言葉を自問自答してしまい、決断を先延ばしにすることもあるでしょう。

　もちろん、何をやるにしても、やるからには成功を目指します。情報収集や学習をして、避けられるリスクは回避できるに越したことはありません。何でもかんでもリスクを取ったり、事前に調べておけば避けられる失敗に陥ったりするのは、「勇気がある」とは言えません。

　しかし、リスクがまったくない選択は、そうそうあるものではありません。何か新しいことにチャレンジしようとすれば、失敗したり、悔しい思いや恥ずかしい思いをしたりするリスクは、0にはならないものと考えた方が良いでしょう。リスクについて考え、失敗したときのダメージを想定したうえで、「変えてみる勇気」を持つことこそが大切です。

　人が何かを判断する場面では、「サイエンス」と「アート」という2

種類の根拠があります。これは、仕事でも、自分の人生でも、同様です。

「サイエンス」で判断するか？
「アート」で判断するか？

　サイエンスというのは、データに基づく根拠です。「前例ではどうだったか」「過去の成功者は、何をどうやったか」「成功できる確率はどれくらいか」などについて調べ、データを集めて分析したうえで、自分がどうするかを考えます。サイエンスは、ある程度の客観的なデータに基づくことになり、信用できる根拠になりやすいものです。また、「同じようにやれば、次もまた同様の結果が期待できる」と考えられることで、重視されやすいものになっています。

　一方、アートは、直感に基づく根拠です。「感覚的に、こっちを選びたい」「直感だけど、今やるべき」「自分は、このやり方にこだわりたい」など、人の直感を重視して、意思決定をします。このアートは、一見すると、あやふやで、いい加減なもののように思えるかもしれません。しかし、じつは、アートも重要な根拠になります。

独自のビジネス勘から生まれた「ウォークマン」

　例えば、かつて世界に衝撃を与えたソニーの「ウォークマン」は、創業者の1人、井深大さんの直感的な判断から生まれた商品です。まだ飛行機に映画や音楽を楽しむ機内サービスが存在していなかった時代に、「東京とアメリカを往復する機内で音楽が聞きたい」という井深

さんの個人的な思いがきっかけになりました。そこから、いつでも音楽を楽しめる、持ち運び可能な小型オーディオプレーヤーの開発が始まったのです。

　この商品について、事前調査をしてみると、ほとんどの人が関心を示さなかったため、社内からは不安の声が多くあがったといいます。

　しかし、こうしたデータよりも、自分たちの「独自のビジネス勘」を重視することを選びました。また、当時の技術では、小型サイズに再生機能だけでなく、録音機能も搭載できましたが、これも「機能が２つあると、何に使う商品なのか分かりにくくなるから、録音機能だけでいい」と直感的に判断し、再生専用機として開発・発売することにしました。その結果、ウォークマンが世界的なヒットを記録したのは周知の通りです。

　このように、データに表れない真実に迫るために、アートは重要な役割を発揮することができるものです。データに基づくサイエンスが重要なことは確かですが、サイエンスは万能ではありません。

　過去のデータは、あくまで過去のもので、未来を言い当てられるとは限りません。同じことでも、実行する人・環境・時期が変われば、結果も変わる可能性があるのは当然です。また、客観的なように思えて、データは意外に不確かなものでもあります。

　サイエンスとアート。つまりデータと直感は、どちらも持ち合わせておくべきものです。「データを踏まえた直感」や「直感的に納得でき

るデータ」を根拠として、思い切った行動を取っていけばいいのです。サイエンスだけに頼りきると、まだデータのない、新しいことにはチャレンジできなくなってしまいます。日本から、イノベーションや起業が減っていったのには、このサイエンス偏重も原因の1つになっているでしょう。

サントリー創業者・鳥井信治郎の「やってみなはれ」精神

かつては、日本の人と組織も、アートに基づくチャレンジ精神を持っていました。例えば、サントリーは、創業者である鳥井信治郎さんの掲げた「やってみなはれ」精神のもと、「結果を怖れてやらないこと」を悪、「なさざること」を罪と定めて、冒険者として新しいことに挑戦し続ける姿勢によって成長していきました。

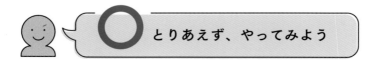

とりあえず、やってみよう

こうした、「やってみなきゃ分からない」から、「とりあえず、やってみよう」というアート重視の判断・行動によって、日本のものづくりは、自動車も、家電も、食品も、飛躍を遂げたのです。その「やってみなきゃ分からない」精神を、少し取り戻してみましょう。

準備に時間をかけすぎない

まだ、もうちょっと
準備をしてから

　日本の多くの人が、無意識のうちに、完璧主義になりやすい傾向に
あります。何をするにも、「最初から完璧」を求めやすく、万全の準備
が必要だと考えやすい、ということです。

　会社であれば、新しい商品やサービスを発売するにあたっては、緻
密な計画を立てて、穴をなくして、クレームが来ないよう、完璧に作
り込むことを重視します。人が何か新しい行動を起こす場合も同様で、
「まだもうちょっと準備してから」と言って、実行を先延ばしにしがち
です。

「完璧主義」は新たな挑戦にはデメリット

　完璧主義にはメリットもありますが、新しい行動を起こす場合には、
デメリットの方が大きくなります。新たな挑戦をしようとするときに最
初から完璧を求めてしまうと、素早い動きが取れなくなったり、「ちゃ
んと完璧にできるように」とゆっくり準備しているうちにタイミングを
逃したり、結局やらない言い訳になったりしてしまうからです。

　だから、新しい行動をするときには、いったん完璧主義を捨てるこ

とが大切になります。

Amazon と Apple の意外な共通点

　アメリカのベンチャー企業が集積しているシリコンバレーでは、「最初の商品が恥ずかしいものでなかったら、それは発売が遅すぎた証拠」と言われています。思いついたら、すぐに実行しなければ、激しい競争環境の中でライバルたちに後れを取ってしまうからです。

　実際、1995 年に公開された初期の Amazon はごく平凡なものだったし、2007 年に発売された Apple の初期型の iPhone は「おもちゃのようだ」と冷笑されていました。しかし、まずは粗削りな状態でも、いち早く世に出してみて、ユーザーの反応などを確かめながら、急速に改善を重ねることでクオリティを高めていき、Amazon も iPhone も大きな成功を掴みました。

　これは、マーケティングで「MVP（ミニマム・バイアブル・プロダクト）」と呼ばれる考え方です。MVP は、最低限の水準をクリアできている物事を意味します。面白いアイデアを思いついたら、できるだけ早く実行に移して、実際に形にしてみて、MVP でいいから世に出すのが重要です。

　とにかくまず一度、実行してみて、反応を見ながら試行錯誤を繰り返し、クオリティを高めていく。そのサイクルを、ライバルよりも速く回すことで、成功を掴むことができるわけです。

「すぐに実行」で飛躍した Netflix

世界に2億人以上の有料会員を抱える「世界最大のコンテンツ・プラットフォーム」の Netflix の共同創業者であるマーク・ランドルフさんも、準備に時間をかけすぎずに、すぐに実行に移すことの重要性を指摘しています。[※32]

「アイデアが頭に浮かんだら、そのアイデアがどれだけ優れているかどうかを考えることにはほとんど時間が使わない」といいます。その代わりに、「どうすれば、そのアイデアを早く、安く、簡単に試せるのか、をすぐに考えた方が良い」というわけです。

行動を起こす前には良いアイデアが必要だと考えやすいが、それは危険な誤解であり、そもそも「良いアイデア」というものはなく、アイデアが良いか悪いかは実際にやってみなければ分からない、と指摘しています。

実際、1997 年に DVD の郵送レンタルサービスから始まった Netflix は、その翌年には世界初の DVD レンタル・販売サイト「Netflix.com」を開始しました。さらにその翌年には、定額制借り放題のサブスクリプション・サービスをいち早くスタートさせます。2007 年にはストリーミング配信サービスを導入し、DVD から配信へビジネスを変革するのも先駆的でした。

さらに、Netflix を更なる飛躍に導いた、オリジナル作品の製作も、2013 年からライバルに先駆けて行いました。特に、ハリウッドのトップクラスの監督や俳優を揃え、巨額の製作費をかけた「ハウス・オブ・

カード」シリーズは大成功を収めました。

　これによって、Netflix は、作品を買い付けて配信するだけの立場から、挑戦的な作品を製作するスタジオの顔を持つことで、ライバルの先を進んで、サービスの価値を高め、会員数を伸ばしていくことに成功を収めたのです。

　完璧主義は、故障やトラブルのない、信頼できる商品を作るためには有効なものです。しかし、新しい技術やアイデアを活かして、いち早くビジネスとして広めていく上では、邪魔なものとなって、行動を遅らせてしまいます。

最初は、
恥ずかしい出来でもいい

　新しいチャレンジを始めるときには、完璧主義はいったん捨てて、クオリティは二の次で、開き直ってやってみればいいのです。割り切って、前向きに、まずは一度やり切ってみることに集中しましょう。

　一度の結果にこだわるよりも、チャレンジを重ねることで、少しずつ成長していくことにこだわった方が、分不相応な自分に変わっていくことができます。完璧主義よりも、成長主義を大切にしましょう。

※ 32　BUSINESS INSIDER「ネットフリックス共同創業者が教える、成功する起業家に必要な３つの資質」を参照。

まずやってみて、「やれたスイッチ」を押す

✕ 詳しく知らないから

インプットとアウトプットの関係について、従来とは逆に考えてみると、行動を増やしていくことができるようになります。「インプット」は、情報収集や学習、スキルや技術の習得など、準備を整えること。「アウトプット」は、行動を起こして、成果を出すことを意味します。

多くの人が、「まず、しっかりインプット」で準備したうえで、「インプットしたものを、アウトプットする」ように考えやすいでしょう。しかし、「まず、インプット」で「それを、アウトプット」の順番だと、どうしてもインプットの早さと精度が上がらないことになりがちです。

いつまでもダラダラと準備に時間をかけてしまったり、不要な準備にまで手を広げようとしたり、あるいは、インプットが手段ではなく目的のようになってしまって結局、行動を起こさずに終わってしまったりすることが往々にしてあります。

「まず、インプット」の考え方は、準備に完璧を求めようとすることに繋がりやすいのです。

インプットの前にアウトプットを決める

　そうではなく、「まず、アウトプット」で「そのために、インプット」の順番を作ってみましょう。アウトプットが求められる状況や環境を、自分で設定するのを先にしてみると、そのアウトプットを実現するために必要なインプットを、早く、効率的に進めようとする意識を持てるようになります。自分にちょうどいい負荷をかける状況・環境を用意することで、インプットを必然的に行えるようにするのです。

　もちろん、自分に厳しく、効果的に、「まず、インプット」で「それを、アウトプット」を進められる人もいるでしょう。できる人は、その順番で問題はありません。

　しかし、できない人は、順番を逆にした、「まず、アウトプット」で「そのために、インプット」の方が、自分自身に色々な言い訳をさせずに、しっかり行動を起こせるようになります。「最初から完璧」を求めるクセのある日本のビジネスパーソンには、「アウトプット→インプット」の順番の方がおすすめです。

　特に、「詳しく知らないから」「まだ調べてないから」といった言い訳をしてしまうような行動を起こすときには、「アウトプット→インプット」で、四の五の言わずに、自分に行動させましょう。三井物産が進める社内 DX のプロセスは、その良い例といえます。[33]

※33　NIKKEI リスキリング「「やれたスイッチ」を入れる！三井物産の DX 人材育成法」を参照。

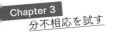

全社員を「DX人材」に育成する三井物産

「DX」とは、「デジタル・トランスフォーメーション」を意味していて、会社におけるデジタル技術の活用を進めて、仕事のプロセスや、商品・サービス、組織の在り方までを変革していく活動です。

大手総合商社の三井物産では、2019年から社内にデジタル総合戦略部を立ち上げ、全社員を対象として、DXに対応できる人材育成を進めています。

そもそも、多くの日本の会社は、海外と比べて、デジタル化が遅れている現状にあります。そのため、新しい技術やスキルについて学び、習得し、仕事で発揮していく「リスキリング」が、特にDXにおいて進んでいないことが問題視されています。[34] 三井物産でも、資源やエネルギーなど各事業別に16の本部に分かれているが、本部ごとに文化や商習慣が異なっていて、書類の仕様もバラバラになっているなど、社内のDXが遅れている状況でした。

そこで、新しく作られたデジタル総合戦略部が、会社全体を横断する形で、一律のDX人材育成を進めることにしました。全社員を「a」「b」「c」の3グループに分けて、「a」は従来のビジネス人材、「b」はDXビジネス人材、「c」はAI技術者やデータサイエンティストなどの専門的なDX技術人材として、部署や役職に関わらず、全社員にデジタルの基礎学習終了を必須として、「a＋」以上を求めています。

　マネジメント層がデジタルスキルを理解していないと、現場を理解できなくなり、部下の仕事の邪魔をすることになってしまうため、会長や社長をはじめ、上層部の経営陣も例外はありません。

「やる気スイッチ」よりも「やれたスイッチ」

　この取り組みは、「『やる気スイッチ』を押すというよりも、『やれたスイッチ』を押せるような後押し」と説明されています。

　その結果、「やってみたら、自分にもできた」という人材が増え、各本部が競い合うようにAIを活用したDXプロジェクトを進めるように変わったといいます。

　これは、会社が「まず、アウトプット」を促す環境を作ったことで、社員の「そのための、インプット」が加速して、人材のDX化、リスキリングが上手く進んだ事例といえます。

　このように会社がやってくれる場合は、その「まず、アウトプット」の環境づくりを待って対応することができますが、そうでない場合には、自分で「まず、アウトプット」の環境を作ることが重要になります。自分自身で、「やる気スイッチ」を押してインプットを頑張るよりも、アウトプットを促すことで行動を起こして「やれたスイッチ」を押してあげる方が、自分のカラを破っていくのに効果的です。

※34　リクルートワークス研究所「世界が急ぐリスキリング、日本はどう追うべきか」を参照。

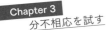

「昨日の自分」を驚かせてみる

自分はこんなものだって
分かってるから

今の自分や、自分の現状について、「まぁ、こんなものでしょ」と半ばあきらめと共に受け入れることは止めましょう。そうではなく、過去の自分の思い込み・先入観・期待値を上回って、「昨日の自分」を驚かせるような行動を起こしてみることが大切です。

人も、会社も、ライバルとの「価値ある違い」を作ることができれば、活躍を広げられるようになります。逆に、「価値ある違い」を作れないと、消耗戦を続けなければなりません。そうならないためには、「型破り」な考え方・行動が必要になっていきます。

「型破り」とは、「型」をよく知ったうえで、自分なりの狙いを持って、「あえて型を破る」で価値を生み出すことを意味します。ただ考えもなしに、突拍子もないことをやるのが「型破り」ではありません。

「型」には、前例や常識といった言葉が当てはまります。業界の前例・常識、会社の前例・常識、周囲の「みんな」の前例・常識。こうした「型」を、いかに良い意味で裏切る「型破り」を実現できるか、が重要となります。

　マーケティングでは、良い意味での驚きを生み出す「何か」のことを、「Wow ファクター」と呼びます。「Wow！（ウォ！）」と驚くほど喜ばせる「何か」を提供できれば、期待を大きく上回り、高い成果を掴むことができるようになります。

　「Wow！」と驚かせる相手は、仕事であれば、職場の上司でも、同僚でも、取引先でもいいでしょう。ただ、もっと驚かせるべき相手は、過去の自分自身です。過去の自分が「こんなものでしょ」と決めつけていた、自分自身の「分相応の壁」を乗り越える「何か」をやってみることで、どんどん「分不相応な自分」になっていくことができます。

バッターかピッチャーか、悩んでいた大谷翔平

　日本のプロ野球でも、アメリカのメジャーリーグでも、「MVP（最優秀選手）」に輝き、ピッチャーとバッターの二刀流で活躍し、「世界で１番野球が上手い」といえる大谷翔平選手。[35] 彼が、高校球児のときに母校・花巻東高校の恩師から受けた言葉に、「先入観は可能を不可能にする」があります。

　高校時代の目標の１つは、球速 160 キロの球を投げることでした。その目標は、「非現実的」「無理でしょ」といった先入観があったら、絶対に辿り着けないものでした。そうではなく、「できる」とイメージ

※ 35　Web Sportiva「【プロ野球】大谷翔平はなぜ「二刀流」に心を揺さぶられたのか？」、婦人公論.jp「大谷翔平の両親が語る「反抗期もなかった」。恩師の教えは「先入観は可能を不可能にする」「非常識な発想を持つ」」を参照。

することで初めて、そのための計画やトレーニングなど、目標達成に向けた行動を起こすことができるようになりました。実際、大谷選手は岩手大会・準決勝で、当時の高校生最速となる160キロを投げることができました。

　そんな大谷選手も、自分の先入観で、心が揺らぐことがありました。高校からプロ野球へ進む際、日本球界かメジャーリーグか、そしてピッチャーに専念するか、バッターに専念するかを迷いました。
　高校日本代表の合宿でのインタビューでは、「一度、ピッチャーをあきらめてしまうと、二度と後戻りはできない」「現段階では、ピッチャーの体作りをしているが、ピッチャーとして挑戦するか、バッターとして挑戦するかは、球団の意向を参考にして考えたい」と答え、どちらかに専念することを前提に考えていました。

　その後、高校日本代表として世界選手権を戦うことで、ピッチャーに専念する方に気持ちを固めていきました。松坂大輔選手や田澤純一選手といった、メジャーで活躍するピッチャーの姿を見て、自分もその場所に立ちたい、と語り、ピッチャーとしてのアメリカ挑戦を表明しました。

　しかし、その直後、日本の球団・日本ハムファイターズが大谷選手をドラフト会議で強行指名することになります。ここで、日本ハムは、強行指名を謝罪したうえで、「夢への道しるべ」と題して作ったレポートを大谷選手へ提案しました。そのレポートで、将来、メジャーで活躍するために、まず日本球界を選んで、それからメジャーへ渡った方

が効果的であることを説明すると共に、ピッチャーとバッターを両立させる「二刀流」の育成プランを示したのです。

　それまで、大谷選手は「二刀流」をあきらめていました。その先入観をくつがえし、当時の日本ハムの栗山英樹監督から「誰も歩いたことのない道を歩いてほしい」と言われたことで、日本球界入りを決断したのです。それ以降、日本でも、アメリカでも、OB・批評家・野球ファンなどから「不可能だ」「ありえない」「なめている」とどんなに言われても、圧倒的な結果を示すことで、すべての人を納得させ、魅了していったことは、誰もがリアルタイムで見てきた通りです。

大谷翔平を救ったイチローの言葉

　もう1つ、メジャーリーグに挑戦する1年目、シーズン開幕前のオープン戦で大谷選手は投打ともに不振に陥りました。そこで彼は、バットを1本持ち、助言を求めてイチローさんの自宅に向かったそうです。そこで、技術指導と合わせて、「自分の才能や、やってきたこと、ポテンシャルを、もっと信じた方が良い」という言葉をもらったことで吹っ切れたといいます。そして、開幕から活躍を続けて、日本人としてイチローさん以来17年ぶりとなる最優秀新人賞を受賞しました。

　このイチローさんが大谷選手に贈った言葉は、「スポーツ」「野球」「天才」といった枠に限った話にする必要はないはずです。挑戦に迷いながら、それでも一歩を踏み出そうとする人の背中を押してくれるエールになるでしょう。

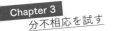

「自分らしさ」は
どんどん変えていける

自分のキャラじゃないから

　「これをやるのは、自分らしくない」「自分がやることではない」「自分が得意なのは、こっちだから」などと言い訳をしていると、起こせる行動の選択肢がグッと少なくなってしまいます。

　そうならないためには、「自分らしさ」という今の自分のアイデンティティを、どんどん変えていけるものだと思えることが大切です。「自分」は変化していいものであり、また「自分」を変えていくことこそが成長に繋がると考えて、変化を怖がらないようにしましょう。

成長を止めてしまう「マイオピア（近視眼）」

　マーケティングでは、自らの役割を決めつけて、存在や成長可能性を狭く、小さくしてしまうことを「マイオピア（近視眼）」と呼びます。近くの手元の物事しか見ることができず、遠くの先まで見通せない状況から、こう呼ばれています。

　例えば、鉄道会社は、マイオピアで見てしまうと、ただ「鉄道屋」

として鉄道を運営するだけの存在になります。しかし、役割を広げて考えられれば、ヒトとモノを輸送し、駅を中心に地域を広く活性化させて、安心・楽しさ・交流などを通じて新たな価値を生み出すことができる幅広い存在になることができるわけです。

「下請け専門」からの脱皮を決めた田代合金所

　自らの役割を広げ続け、また変え続けることで成功を収めている事例として、東京の台東区にある田代合金所を紹介しましょう。この会社は、1914年の創業以来、じつに90年にわたって、下請け専門の「鋳造屋」でした。

　オーダーに応じて、金属を溶かし、混ぜ合わせて、延べ棒の形に固める、「鋳造」と呼ばれる金属加工法において高い技術力を持ち、主に鉛という金属を扱って、鋳造性の良い活版印刷用の金属を製造していました。

　印刷技術でイノベーションが起きて、活版印刷からオフセット印刷、光学印刷へ変わっていったことで、仕事が消滅する危機に遭いました。そこで、田代合金所は、アクセサリーやファッション、キーホルダーやフィギュアの原料となる金属の下請け製造へ、仕事を切り替えました。細かく、緻密な造形を実現できるように、鋳造性を自在にコントロールする技術力を強みに、下請けとして新たな仕事を掴んだのです。

　すると、今度は、その仕事が中国へ流出していき、また仕事を失う危機に直面します。ここで、田代合金所は、原材料を製造する下請け

だけでなく、自社の商品とブランドを作り、自らビジネスを開拓していく道に挑戦することを選びます。元請けに左右されることなく、自ら仕事を生み出してコントロールしていけるようになるために、創業以来、90年間続けてきた「下請け専門の会社」から脱皮する選択をしたのです。

　そうして2004年に開発したのが、錫を薄く流して固める独自の技法によって、他にはない新しい風合いとデザインを実現した内装材「コンウォール」でした。この自社商品は、国内だけでなく海外でも高く評価され、料亭、オフィス、マンションのエントランスなど、数多くの受注を得ることに成功しました。「コンウォール」によって、インテリアの分野での仕事を開拓すると、自ら商品を開発・製造するだけでなく、デザインの提案や交渉をする能力を身につけ、自ら運んで施工までできる資格を取得するなど、すべての仕事を、外注せず、自前で完結できるように進化を重ねていきました。

　また、アーティストとの出会いから、「コンウォール」をキャンパスに見立てて、そこに「綾打ち」と呼ばれる、金型を金属板に打ち込んで模様を描く技法で新たなデザインを生み出し、アートの領域まで昇華させた新商品「たちばな」を2014年に開発します。これは、より一層高い評判を獲得し、ハイクラスのホテルや店舗からの受注を得ました。

　さらに、新たなビジネスパートナーとの出会いから、2020年には社内にシステム開発部門を新設し、超音波やX線を使わずに物体の

内部の状況を推定し、歪みや損傷の有無・度合いを推定できる AI サービス「FEM 逆解析」を開発しました。この AI サービスは、数年の開発・実証を経て、ビジネスとしての展開を広げていくことに成功を果たしています。

この田代合金所が、社長の田邊豊博さんとその家族、そして数名の社員によって構成される、小さな中小企業だと知ると、とても驚くのではないでしょうか。

この会社は、「下請け」「中小企業」「ものづくり」「日本の会社」といった形で「自社」のアイデンティティを狭めることなく、下請け専門から、インテリアメーカー、そして AI サービスを開発・展開する会社へと変化を続けることで成功を掴んでいます。

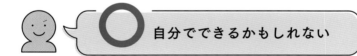

自分でできるかもしれない

田邊さんたちは、「変わらないことは変わり続けること」と掲げて、ものづくりから AI まで、じつに多種多様な挑戦を続けています。この会社、そしてこの会社のビジネスパーソンたちは、人やビジネスを見極める「目利きの力」や、さまざまな役割を果たして成果をあげる「やり抜く力」に秀でています。

ただ、それ以上に、何においても「自分（たち）でできるかもしれない」と思えるマインドこそが、変化を怖れず、可能性を開拓していく原動力になっているといえるでしょう。

「分相応の壁」を越えて、飛躍する

✕ ○○にしてはよくやった

「分相応の壁」は、成長するたびに、また新しい壁が出てくるものです。壁に直面して、乗り越えて、また新たな壁に直面して、さらに乗り越える。挑戦の道に、本当の終わりはないでしょう。

その意味では、満足したところで、あるいは、妥協したところで、終わる道のりといえます。どこで区切りをつけて、ここが「自分にとっての正解」と思うかどうか次第なのです。

「自分（たち）にしてはよくやった」「日本の中ではよくやった」「この分野ではよくやった」……など、区切りをつける言葉は、色々と作ることができます。現状維持のまま、「これでも、よくやった方だから」といえば、そこが終着地点になるでしょう。

そうすることが、悪いとは言えません。ただし、もし現状に問題意識や不満を抱えていて、我慢を続けていて、「本当は変わりたい」という本音を秘めているとしたら、もう一歩、自分の「分相応の壁」を越えてみることは、自分にとって大切な挑戦になります。

分相応の壁を越え続けて
「世界一のアパレル」になったユニクロ

　「ユニクロ」は、2023年5月末の時点で世界に2440店（国内807店、海外1633店）を展開する世界的なブランドですが、その始まりは、山口県宇部市の商店街の小さな紳士服店でした。[36] 1972年、父の経営する小郡商事（現、ファーストリテイリング）に入社した柳井正さんは、トライ＆エラーを無数に重ねながら、会社を変革していきました。

　1984年、35歳のときに社長に就くと、広島市に「ユニクロ」1号店をオープンします。郊外型の店舗で、カジュアル衣料を低価格で販売する、セルフサービスの「倉庫」のような店を目指しました。その頃は、父から引き継いだ会社を潰さないようにすることが第一にあり、どんなに上手くいっても多店舗展開は30店舗が限度で、売上30億円が自分のできる精一杯だろう、と考えていたといいます。[37]

　ユニクロが軌道に乗り、実際に売上が20億円、30億円と伸びていくと、新たな夢がふくらんできて、柳井さんは、世界を狙うようなビジネスにしたいと考えを改めました。それで、1991年に現在の社名に変え、SPA（製造小売業）として「作って、運んで、売る」という工程のすべてを自前で管理することで、高品質で低価格なベーシックカジュア

※36　ファーストリテイリング「グループ店舗一覧」を参照。
※37　ベンチャー通信「やる前から考えても無駄　株式会社ファーストリテイリング　代表取締役会長 柳井正」、独立行政法人経済産業研究所「ユニクロ絶好調の秘密と日本の繊維産業」を参照。

ルの店として、全国へのチェーン展開を本格的に開始していきました。

　この当時、「アメリカの GAP を超える会社になる」と宣言する柳井さんを、周囲はまだ失笑して見ていたそうです。

　1998 年、都心のど真ん中の原宿店をオープンすると共に、軽くて暖かいフリースに価格破壊をもたらす大々的なキャンペーンを展開して、「ユニクロといえば、フリース」として全国的な認知度を獲得することに成功し、一時の停滞から抜け出して更なる成長軌道に乗っていくことになります。この頃から、売上高 1 兆円を目標に掲げて、海外進出をスタートさせます。2001 年にイギリス、2002 年に中国、2005 年にアメリカと、海外進出を加速させていきました。

　ヒートテック、エアリズム、軽量ダウンなどの「機能性衣料」という新しいジャンルの開拓を原動力に成長を続け、2013 年には目標としていた売上高 1 兆円を、日本のアパレル業界で初めて突破しました。そして、2021 年 2 月、時価総額が 10 兆 8725 億円に達して、「ZARA」を展開するスペインのインディテックス社を初めて抜き、「世界一のアパレル」という長年の夢を叶えたのです。

　日本の地方にあるごく平凡な衣料品店から、世界一のアパレルブランドになるまでの約 40 年間、ユニクロは「分相応の壁」を乗り越えて成長しては、また新たな目標を掲げて、次の壁を越えて成長する、という挑戦の道のりを歩み続けました。

　「もう、よくやった」と簡単に満足することなく、貪欲に、次の壁を越えていくことで、夢を実現するまでに至りました。

「バックミラー経営」から脱却する

　柳井さんは、多くの日本企業は「バックミラー経営」を続けてしまっていると指摘しています。[38] 車のバックミラーには、もうすでに走った道だけが映ります。その過去の道ばかりを見て、仕事をしすぎている、ということです。

　「世界の競争環境は目まぐるしく変わっているのに、日本人は先輩の跡を追いかけて、復習ばかりしている。昨日までやっていたことを繰り返すだけでは、成長できない」という言葉は、一人ひとりのビジネスパーソンが胸に刻んでおくべきものでしょう。

　自分が、「バックミラー」ばかりを見て仕事をしていないかどうか。生きていないかどうか。定期的に確認しましょう。

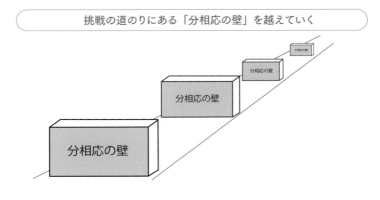

挑戦の道のりにある「分相応の壁」を越えていく

分相応の壁

分相応の壁

分相応の壁

※ 38　日経ビジネス「なぜユニクロは世界一になれたのか」を参照。

「タテの壁」を越えて、覚醒する

自分はもう充分、頑張った

「分相応の壁」には、「タテの壁」と「ヨコの壁」があります。

「タテの壁」は、特定の「できること」をより深く掘り下げていくときに立ちはだかるものです。自分の強みを、さらに伸ばしたいときのハードルです。この「タテの壁」を越えることによって、自分自身で「自分にはこれくらいが限界」と決めつけていた上限を打ち破り、強みを覚醒させて、飛躍を遂げることができるようになります。

「タテの壁」は、「もう充分、頑張った」と現状を受け入れさせて、これ以上の成長をあきらめさせる壁です。しかし、その「もう充分、頑張った」は、自分を過小評価した感覚で、本当の自分の能力やポテンシャルを見誤っている場合が少なくありません。

なぜなら、日本の「分相応を良しとする」文化で育まれる価値観は、自分に対して「謙遜」をしすぎて過小評価させがちだからです。今の自分が感じている「限界」は、「本当の限界」なのかどうか疑って、更なる成長の伸びしろを信じてみましょう。早くあきらめて楽になろうとしてしまい、思考を停止したり、単純化したりして、分相応の「タテの壁」

の前で立ち止まっていないでしょうか。

打ちのめされてから覚醒した JINS

　機能性とデザイン性、そしてコストパフォーマンスに優れたメガネ
で、メガネの常識を変え続ける「JINS」の創業者の田中仁さんは、壁
にぶつかったとき、ユニクロの柳井さんとの会談で打ちのめされる経
験をしたことで、それをきっかけに考え方や行動を変えて、ビジネス
を飛躍させました。

　JINS の誕生のきっかけは、2000 年、もともと雑貨店を経営してい
た田中さんが、出張で韓国を訪れたときに 3000 円で売られているメ
ガネに出会ったことでした。当時の日本では安くても 3 万円はするメ
ガネが、1/10 の低価格で売られていて、なおかつ 15 分ほどで購入で
きることに衝撃を受けたといいます。

　日本では「メガネは高価格」が当たり前なのに、韓国では、なぜそ
れほど安く、早くメガネの販売が実現できるのか。疑問に思って調べ
てみると、日本では業界の流通経路が複雑で、中間コストと利幅が大
きいことで高価格になっていたと分かりました。

　そこで、不要な中間コストを徹底的に削減し、企画・製造・販売を
自社ですべて行うことで、「優れたメガネを安く売る」韓国モデルを真
似てビジネスをスタートさせました。

　1つ5000円のメガネの販売を始めると、すぐに話題を呼んで飛ぶように売れました。しかし、同じように真似て後追いしてくるライバルが増えると、格安メガネの競争が激化して、韓国の真似だけでは勝てず、「JINSならではの価値」が求められました。

　雑貨とメガネを組み合わせて販売しても上手くいかず、2008年には多くの店が閉店に追い込まれ、最終赤字に転落し、株価も下がって上場廃止の危機に陥るほどに低迷してしまいました。

ユニクロ・柳井正からの痛烈な言葉

　そんなとき、偶然、ユニクロの柳井正さんと会談できる機会に巡り合いました。軽い気持ちで会談の場に訪れた田中さんは、「どんな仕事で、事業の価値は何で、会社の目指すビジョンは何か」と次々に問いかける柳井さんに圧倒され、上手く答えられなかったといいます。

　「この株価は会社に将来性がないと思われている」「ビジョンのない会社では継続的な成長はできない」「このままでは将来はない」と、痛烈だが的確な言葉を受けて、翌日の昼まで寝込むほどのショックを受けたそうです。

　しかし、こうした言葉を受けたことで、それまで、その場しのぎのビジネスをしてきていたことを痛感し、避けてきたチャレンジに挑む決意を固めました。柳井さんと会った翌月、すぐに経営陣を集めて合宿を行い、戦略とビジョンを一新させることにしました。

　そうしてできたのが、「メガネをかけるすべての人に、よく見える、よく魅せるメガネを、市場最低、最適価格で、新機能・新デザインを

継続的に提供する」というビジョンと、メガネの王道で勝負する覚悟
を決めて新しい価値の創出にチャレンジしていく戦略でした。

　それまでは、大手のメガネ会社との勝負を避けることを前提に考え
ていたが、そうではなく、メガネの王道で勝負していく戦略を選びま
した。「無印良品では、こうしてる」「スターバックスでは、こうしてる」
など、社内外から制止しようとするアドバイスを受けましたが、そうし
た声を振り切り、大々的な商品開発と広告で勝負に出ました。それが、
これまでにない軽さを追求した軽量メガネ「Airframe」でした。

　スイスの医療機器用素材メーカーの開発した、軽くて安全で、弾力
性と復元力に優れた素材と、日本人の顔に合うよう研究された抜群の
フィット感が評判を呼び、2009 年の発売直後から人気を集め、累計
販売本数が 2200 万本を突破するほどの大ヒット商品になりました。

　この成功で、田中さんは、メガネでは日本のどこにも負けないし、
世界でも戦える、と思えるようになれたといいます。後日、柳井さんと
再会したときには、「いろんな人にアドバイスを頼まれるけど、実行す
る人はほとんどいません。あなたは数少ない実行者です」と言葉をか
けられ、胸が熱くなったそうです。[39] この JINS のエピソードは、自ら
行動を起こし、「タテの壁」を乗り越え、覚醒することで飛躍を遂げた
好事例です。

※ 39　PRESIDENT Online「「サードプレイスの提供を重視」していたはずのスタバが他社
を真似てモバイルオーダーを始めた理由」、アキナイ LABO「上場廃止寸前の大ピンチ！ユニ
クロ柳井さんの言葉で奇跡の復活劇」を参照。

「ヨコの壁」を越えて、適性を増やす

自分には向いてない

分相応の「ヨコの壁」は、自分が「できること」の種類を新たに増やそうとするときに立ちはだかるものです。自分の強みや適性を増やして、活動の幅を増やしていくときのハードルです。

この「ヨコの壁」を越えることで、自分で「どうせ、向いてない」とあきらめていたり、周囲から「やめておいた方がいい」とストップをかけられたりしていた物事の新たな適性を見つけて、「やりたいこと」の幅を広げられるようになります。

物事は、根本的に、自分がやりたいと思えば、その選択のままにやってみていいものです。法を犯したり、誰かを傷つけたりすることを除けば、周囲の正論なんて気にせずに、自分がやりたいことを、やりたいように、自由にやってみていいはずです。

「自分」は、自分の手で変えていけるものであり、自分で気づかないうちに変わっていることもあるものです。年齢・経験・環境などによって、以前は「できない」「苦手」と思っていた物事が、そうでもなくなっている場合だってあります。「昔の自分」と「今の自分」は違っていい

のです。

　また、「適性」というのは、何かをやってみる前に「できる」「できない」と判断できるものではありません。特に、仕事においては、「向いてない」から「できない」と言い出したら、キリがないはずです。

　適性とは、「できる」「できない」ではなく、その仕事を一度クリアして「できた」うえで、その仕事を「続けられるか」「続けられないか」で判断できるものです。続けられるのであれば、その仕事は、自分に向いていて、適性があるものとなります。適性の有無、向いているかどうかは、まず一度、自分でやってみて初めて分かるものです。

長い挑戦を積み重ねた星野源

　音楽・芝居・ラジオ・バラエティ・文筆など、多方面で活躍しているクリエイターの星野源さんは、最初から数多くの「適性」を持っていた天才のように見えるかもしれませんが、じつは「自分がやりたいこと」をできるようになるために、長い挑戦を積み重ねた末に花を咲かせた苦労人といえます。

　星野さんの活動は、1人で始めた中学時代にまでさかのぼります。中学生の頃、小説を書いたり、曲を書いたり、楽器の練習をしたり、1人でコツコツと行動をスタートさせました。高校生になると、劇団「大人計画」の舞台を見て役者を志すようになります。

　高校卒業後は、さまざまな劇団のオーディションを受けて、芝居にチャレンジしていきました。23歳のとき、楽器を弾ける役者を探して

いた大人計画の舞台に抜擢されて初めて出演します。それ以来、大人
計画に所属して芝居の仕事を積み重ねていくことになります。

役者としての活動と並行して、20歳の頃から、歌詞のないインストゥルメンタル・バンド「SAKEROCK」を結成して活動を始めます。独自の世界観でファンを増やしていく一方、「自分で歌いたい」という新たな思いが芽生え、2010年からはソロの歌手としての活動もスタートさせました。紅白歌合戦への初出場を叶えたのは、2015年、34歳のことでした。

星野さんは、成果が出せるようになるまで、何度も悔しい言葉をかけられてきたといいます。芝居を見た人からは「音楽の方が才能ありそうだから、そっちに集中したら」と言われ、音楽を聞いた人からは「演技の方が向いてるんじゃない」と言われ、文章を書きたいと言えば「やめた方がいいよ」と言われました。

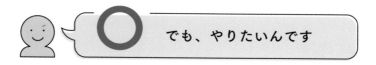

でも、やりたいんです

しかし、星野さんは「自分はあきらめが悪い」と言って、「でも、やりたいんです」という気持ちを持ち続けて、音楽も芝居も執筆も、すべて自分から売り込んで小さな仕事のチャンスを掴み、そこで成果をあげて、次のチャンスに結びつけていきました。

活動の幅を広げるほど、1つのジャンルでの活躍の機会は制限され

るものです。役者1本のライバルたちと比べれば、俳優として出演できる作品の数は少なくなるでしょう。歌手1本のライバルよりも、発表できる楽曲数は限られるかもしれません。それでも、星野さんは「何でも自分次第。だからこそ、これからもやりたいことはやりたいと言い、挑戦し続けたい」と明言して、自分なりの挑戦を貫いています。

　そうして挑戦を積み重ねてきた道のりの結果、歌手として、作詞も作曲も演奏もできる。俳優として、主演も助演もできる。ラジオやバラエティでも話せるし、エッセイを執筆することもできる。何でもできる、唯一無二のクリエイターになっているのです。こうした星野さんの「ヨコの壁」を越えて、適性を増やし、「自分のやりたいこと」をできるようになる挑戦の姿は、多くの人が勇気をもらえるものでしょう。

　第3章では、試しに分不相応へ挑戦する一歩目を踏み出すために大切となるマインドについて紹介しました。こうしたマインドを持つことで、自分で自分に作ってしまう「分相応の壁」や、周囲が押し付けてくる「分相応の空気」に負けずに、自分を変える行動を起こせるようになります。

　ただ、試しに行動をしてみて、その1回で、いまの自分を「分不相応な自分」へ変えられるとは限りません。1回で上手く変われる場合もあれば、変わるためには、行動を続けて、ときには習慣化するほど、挑戦していく必要がある場合もあります。現実には、後者の方が多いでしょう。第4章では、挑戦を続けることで、「分不相応」に変わるために求められるアクションについて、取り上げていきましょう。

Chapter 4 | 相不分変わる

続けることで自分を変

応 に

え る

【 KEYWORD 】

• 成長主義

• 保険のある挑戦

• 組み合わせ

• 自分事化

• 加点思考

• 減点思考

• リスペクト

• コミュニティ

• 良い嫉妬

• ゲーミフィケーション

「続ける勇気」を持つ

もういいんじゃない

　「分相応の呪縛」という存在を知り、自分にも当てはまるものだと自覚したうえで、その呪縛から自分を解き放っていく。意識を変えて、行動を変える。その積み重ねによって、いまの自分を、目指したい「分不相応な自分」へ変えていくことができます。第4章では、そのために有効となる、具体的なアクションについて紹介していきましょう。

　思い込み・先入観・あきらめなどを通じて、自分で作ってしまう「分相応の壁」。自分に言い訳をして、ハマりこんで停滞してしまう「分相応の沼」。自分が意識や行動を変えるときに邪魔をしてくる、周囲の「分相応の空気」。壁、沼、空気など、さまざまな形で「分相応の呪縛」は私たちにつきまとってきます。

　試しにトライをしてみた、その1度の行動によって、この呪縛から自分を解き放つことが叶うとは限りません。多くの場合、「分不相応な自分」へ変わるには、幾度も行動を積み重ねていく必要があります。

　だから、すぐに「もう充分やった」「もういいんじゃない」とあきらめてしまっては、もったいないのです。せっかく1度トライしてみて、

経験値が積めたのに……壁に挑んでみて初めて分かる難しさに気づけたのに……1度の失敗で終わりにしてしまうのは早計です。行動は、あなたが続けられる限り、続いていきます。

　だから、「続ける勇気」を持つことこそが、1番に重要なアクションになります。壁にぶつかっても、失敗しても、続けることで成果を掴んだビジネスパーソンたちのエピソードを2つ紹介しましょう。

大失敗のあとに生まれた「伊右衛門」

　サントリーの緑茶「伊右衛門」は、サントリー史上最悪とまで言われた失敗を経験したチームが、もう一度、新たなチャレンジに臨んだことで誕生したヒット商品です。※40 もともと、日本の緑茶の市場では伊藤園「お〜いお茶」の一強時代が長く続いていて、烏龍茶の王者であるサントリーは、緑茶の王者「お〜いお茶」の牙城をなかなか崩せずにいました。

　そこで、真っ向勝負をするのではなく、変化球で勝負に出たのが、緑茶・烏龍茶・紅茶に次ぐ第4のお茶であるプーアール茶の商品開発でした。開発技術を結集させて最高の味を追求し、オンリーワンの究極の商品として2001年に「熟茶」を発売しました。

　しかし、この熟茶は、試しに飲んでもらうファーストステップに失敗し、「サントリー史上最悪」と言われるほどの大失敗に終わってしま

※40　PRESIDENT Online「「サントリー史上最悪」の大失敗から伊右衛門という大ヒットが生まれたワケ」を参照。

いました。この大失敗で地獄を味わった開発チームが、その次に新た
に企画したのが、伊右衛門の企画です。

　開発チームは、「トップシェアに君臨するメーカーには、サントリー
に欠けているものが何かあるはずだ。その何かを突き止めることが成
功への鍵」と、徹底的にライバルやユーザーを分析して、新商品企画
を考え抜いたといいます。そうして誕生したのが、急須で飲む、安ら
かな「新しいけれども、ど真ん中の緑茶飲料」でした。

　京都の老舗茶舗・福寿園との提携を実現し、4年がかりで開発した
「伊右衛門」は、2004年に発売されると即座に売り切れ、発売4日
目には出荷停止となる異例の大ヒットという成功を果たしました。

食文化を変えて普及していった「味ぽん」

　ミツカンのぽん酢「味ぽん」は、壁にぶつかるたびに、数々の課題
を解決して乗り越えることで、日本の食文化を変えて定番となった商
品です。[※41] もともと、ぽん酢は柑橘類の果汁が酸化しやすく、取り
扱いが難しいことから、料理店でしか味わえないものでした。それを、
当時のミツカン社長が博多の料亭で口にした鶏肉鍋「水炊き」とぽん
酢のあまりの美味しさに感激し、この味わいを全国の家庭に届けよう
と3年がかりで開発しました。

　「専門店の味をご家庭に」というフレーズと共に売り出すと、水炊き
に馴染みのある関西ではすぐにヒットしました。しかし、鍋文化が異な
り、醤油や味噌の味付け鍋が主流の関東では受け入れられず、苦戦す

ることになります。

　そこで、「水炊きと味ぽん」という新しい鍋の楽しみ方を関東にも
浸透させるため、担当チームは「朝売り」と呼ぶゲリラ作戦に打って
出ました。これは、荷台を屋台に改造した屋台カーで、東京・築地の
卸売市場へ行き、土鍋とコンロで作った水炊きと味ぽんの試食販売を
行うものでした。舌の肥えた築地の食のプロたちに「水炊きと味ぽん」
のセットの魅力を体験してもらい、お墨付きをもらって、クチコミで広
めていく作戦でした。

　これが功を奏し、スーパーの食品売り場での試食販売やテレビ CM
と合わせ、関東の鍋文化を更新して、商品を普及させ、1970 年代に
売上を飛躍的に伸ばすことに成功しました。

　鍋専用の調味料として全国に普及した味ぽんでしたが、今度は、
鍋のお供であるがゆえに、鍋のニーズが高まる冬場には売れても、鍋
を食べない夏場には売れない、という課題に直面しました。

　そこで、季節に関係なく、いつでも味ぽんを使ってもらうために、
1980 年代から鍋以外の用途を新提案していきました。大根おろしと
味ぽんで焼肉をさっぱり食べる「おろし焼肉」に始まり、餃子、焼き魚、
カツオのたたき、サラダなどの「つけかけ調味料」として味ぽんを新
提案したのです。その結果、味ぽんの売上は再び増加し、いつでも食
卓に置かれる調味料として浸透していったのです。

※ 41　PRESIDENT Online「「今日、ケンタッキーにしない?」のキャッチコピーがマーケティ
ング的に最強な理由」を参照。

失敗は「経験値」と割り切る

> みっともないことは
> やりたくない

　失敗したとき、それを恥ずかしいと思っていたら、挑戦も学習も続けられません。「失敗は恥」と考える文化は、今すぐに捨てるべきものです。「優秀な人ほど、失敗しない」と思うかもしれませんが、それは、失敗しないで済むことにしか挑戦してこなかった証拠です。

　だから、失敗したとき、「みっともない」「恥ずかしい」などと思うのは止めて、「これも1つの経験値」「次はもっと上手くやれる」と割り切って、次に進むようにしましょう。

失敗を乗り越える「魔法の言葉」たち

名優、ロバート・デ・ニーロ

　2度のアカデミー賞に輝いたハリウッドの名優、ロバート・デ・ニーロさんはニューヨーク大学ティッシュ芸術学部の卒業式において、これから社会に出る卒業生たちに次の言葉を贈りました。

　「In the real world, you'll never get straight As again... your motto, your mantra, your battle cry, "Next!"（社会に出てから、君たちは二度

と「オール A」を取ることはないだろう。良いときもあれば、悪いときもある。そんなときには、この魔法の言葉を使えばいい。「次へ！」)」。

　彼は、自分がオーディションに落ちた話を紹介しながら、「全力を出しても、最善を尽くしても、失敗することは必ずあるのが人生だ」と指摘し、「だからこそ、一時の成功にしがみつくことも、一時の失敗に打ちのめされすぎることも良くない」と語っています。良いことも悪いことも、1つの結果として受け止めたら、すぐに「次へ！」と割り切って先へ進めるタフな心構えが重要であるというわけです。

テニスプレイヤー、スタン・ワウリンカ

　テニスの四大大会「グランドスラム」で3度の優勝を誇る、スタン・ワウリンカ選手は、次の言葉を左腕にタトゥーで刻んでいます。

　「Ever tried. Ever failed. No matter. Try again. Fail again. Fail better.（どれだけ失敗をしても構わない。挑み続けろ。次は、前回よりも上手く失敗すればいい）」。

　これは、ノーベル文学賞を受賞した作家のサミュエル・ベケットさんの言葉です。失敗から学び、失敗を乗り越えていくことこそが挑戦の本質です。

　スマートフォン向け位置情報ゲームアプリ「ポケモン GO」をやってみると、オンライン対戦で勝った場合には「WIN！」でガッツポーズをして、負けた場合には「NICE TRY！」で拍手をして称えます。挑戦をして、成果を出せたら喜び、失敗したら健闘を称えて、次の挑戦に向かう。この感覚でいいのです。

アメリカや中国のベンチャー業界では、挑戦と失敗をセットで評価して、さらに挑戦する機会を与える価値観が強く持たれています。例えば、会社で、同じレベルの2人が似たようなプランを提案したとします。そのとき、1人は失敗経験がなく、もう1人は失敗経験を語れる場合、失敗経験を語れる人の方が「行動力や対応力に優れている」と評価されて、プランを採用されるのが一般的だといいます。

失敗は、マイナスに評価すべきものではなく、何も行動しないことこそをマイナスと考え、失敗は「行動した証拠」「経験値」として、次の挑戦の材料にすれば良いのです。失敗を経験値に変えて、飛躍することに成功した経営者たちの言葉をいくつか紹介しましょう。

コカ・コーラ CEO、ジェームズ・クインシー

2017年にコカ・コーラのCEOに就任したジェームズ・クインシーさんは、就任直後、部下に対して「失敗への不安を乗り越えよう」「間違いを犯していないとしたら、それは懸命さが足りないからだ」と言って聞かせました。[42]

Netflix CEO、リード・ヘイスティング

また、NetflixのCEOのリード・ヘイスティングさんは、好調な自社コンテンツに対して、「いまのヒット率は高すぎる」「もっとリスクを取り、もっととんでもないことを試す必要がある」「コンテンツの打ち切り率はもっと高くあるべきだ」と表明しています。

その理由は、無難なヒットだけでは、いずれ視聴者に飽きられてし

まうため、もっと失敗していいから、より斬新で、あり得ないような挑戦をしていこう、と促したのです。

ユニクロ創業者、柳井正

　ユニクロの創業者である柳井正さんは、失敗から学ぶベンチャー文化と対照的な日本について、「失敗しても2回、3回、4回とチャレンジをすることが大事で、そのマインドが日本には根本的に欠けている」「今の若い人は、仕事で失敗すると死ぬぐらいのプレッシャーを感じているようだが、そんなことはない」と問題視しました。※43

　そのうえで、「失敗こそが常だ」「成功するためには失敗しないといけない」と、失敗できることの重要性を強く指摘しています。

　こうした言葉は、現場に立つ1人のビジネスパーソンである私たちに、そのまま当てはまるものです。もしも、失敗を「経験値」として割り切って挑戦していくことができない組織に、いま自分がいるとしたら、その組織のルールを変えるか、ルールが異なる組織に移るか。自分から行動に移すことでしか現状打開の道は開けません。

　我慢をして、待っているだけでは、状況は都合よく変わってはくれないはずです。健全な失敗、健全な挑戦ができる場を、自らの手で、勇気を持って選びましょう。

※42　Harvard Business Review「コカ・コーラ、ネットフリックス、アマゾン……成功企業のリーダーが失敗を奨励する理由」を参照。
※43　事業構想「「失敗を恐れない日本人であれ」　ユニクロ・柳井氏のメッセージ」を参照。

挑戦には「保険」を用意する

保険をかけておく
なんてズルい

　健全な挑戦には、健全な失敗がつきものです。だからこそ、**失敗してもまた次の挑戦ができるように「保険」を用意しておくことは重要**です。保険を用意しておかなければ、一か八か、1回きりの挑戦しかできなくなってしまいます。

　会社であれば、社員が仕事で挑戦をしたとき、その失敗を許容できるだけの「保険」を、会社側が制度や仕組みとして設けておくべきです。一方、ビジネスパーソンが個人的な挑戦をするときには、自分自身で挑戦を続けるための「保険作り」をしておく必要があります。

　「人生をかけた挑戦」は、多くの人にとって、ハードルが高すぎます。一か八かで、失敗したら人生が終わる、なんて博打には、なかなか挑戦できなくて当然です。
　「背水の陣で臨んで、成功を掴む」という美談は、聞こえは良くても、いざ自分が実践するとなると、そうそうできるものではありません。また、そうした美談の背後には、人知れず夢破れていった無数の失敗例が隠れています。

　世界的にベンチャーブームが続いていますが、起業が盛んなアメリカや中国でも、成功したベンチャー企業の起業家の大半は、初めての起業ではなく、失敗を経験したあとに連続起業家（シリアル・アントレプレナー）として2社目、3社目を立ち上げて成功を掴んでいるのが実情です。

　もちろん、成功した彼らは、インタビューを受けても、失敗を経験した過去について本音では話したがらないでしょう。しかし実際には、失敗しても次の挑戦ができるように、ある程度の保険をあらかじめ用意しているものです。

　「保険のある挑戦」と聞くと、「逃げ道を用意していてズルい」「そんな覚悟では成功できない」と後ろ指を指される気がするかもしれませんが、なにも背水の陣で臨む必要なんてないわけです。

　逆に、「失敗しても大丈夫」という保険があるからこそ、新しい行動に素早く気軽に挑戦できるようになります。俳優の大泉洋さんは、「保険のある挑戦」を積み重ねることで、大きな成功を掴んだ人物として紹介できます。

「保険のある挑戦」で飛躍した大泉洋

　大泉さんは、2011年の『探偵はBARにいる』以来、2022年まで、じつに12年連続で主演映画が公開された、日本でも随一の人気と実力を誇る俳優です。その活躍は演技だけでなく、数多くのCM、バラエティ番組、音楽番組にも出演し、2020年から3年連続で紅白歌合戦の白組司会を務めたほどの国民的タレントでもあります。

　しかし、本人も所属事務所も、口を揃えて「まさかこれほど大きく成長するとは想像していなかった」と本音をこぼしています。大泉さんのありえないほどの飛躍を支えた要因の1つが、「保険のある挑戦」です。

退路を断たずに「保険のある挑戦」をする

　北海道出身の大泉さんは、東京の大学への進学を希望するも受験に失敗し、二浪の末に地元の北海学園大学に進みます。そこで演劇研究会に入ると、気の合う仲間と5人組の演劇ユニット「チーム・ナックス」を結成しました。

　舞台を見た人の紹介で、22歳のとき、北海道ローカルのテレビ局HTBの深夜番組「モザイクな夜V3」に、面白い大学生として出演するようになります。これをきっかけに、1996年に新しくスタートした深夜番組「水曜どうでしょう」のレギュラーに23歳で抜擢されると、この番組が北海道で社会現象を巻き起こすほどの大ヒットとなり、北海道で彼を知らない人はいないほどの飛躍を遂げます。

　順風満帆に見えた20代の大泉さんですが、それでも人気がいつまで続くかは分からず、テレビの仕事だけに専念するのはどうしても不安定に思えたといいます。そこで「人生の保険」として、教員免許を取得しています。両親が教員だったこともあり、テレビの仕事がなくなっても大丈夫なように、1つの安心材料として教員の資格を取っておくことにしたのです。

　北海道のローカルスターとして多忙な日々を過ごしていた大泉さんは、30代に入ると東京進出への挑戦を決意します。ある意味、新人俳優として、演技の仕事を東京で始めていくことになりますが、「東京で0から」ではなく、北海道の仕事は変わらず大切にしながら東京でチャレンジする、という姿勢にこだわりました。

　北海道の仕事を続けることで、ほんのチョイ役ではなく、最初からしっかりした役を探すことができました。そうして、「救命病棟24時（第3シリーズ）」への出演で爪痕を残すと、スペシャルドラマ「東京タワー〜オカンと僕と、ときどき、オトン〜」の主演に抜擢され、それから役者としてのキャリアを大きく飛躍させていきました。

　2015年、大泉さんは、映画『駆け込み女と駆け出し男』でブルーリボン賞の主演男優賞を受賞しました。その受賞式で彼は次のようにコメントしています。「仲間と帰る場所を持ちながら、この12年間、厳しい東京で仕事ができたのが良かったのかもしれません。『保険をかけてズルい』と言われたが、地元で仕事しながら、東京で大きな仕事をしたい人は、この方法論がおすすめです。退路を断って死ぬ気でやろうとするより、地元でやろうとする人が世の中に出やすいのではないでしょうか」。※44

　つまり、北海道というホームでの仕事を「保険」として持ち続けて、失敗したら北海道に戻ればいいと思えたからこそ、アウェイの東京で思う存分、挑戦できたわけです。

※44　東スポWeb「【ブルーリボン賞】主演男優賞・大泉洋　東スポ映画大賞も狙う！」を参照。

リスペクトで枠を広げる

普通はちがう

「分不相応な自分」へ変わっていくには、「腐す」「否定する」よりも、「リスペクトする」「受け入れる」ことが大切となります。人や物事に対して、腐して、欠点を探して批判し、斜めに見て冷笑・嘲笑をしても、自分の現状は何も変わりません。

また、腐す習慣がついていると、自分自身に対しても腐してしまい、自分ができなかったことや失敗したこと、欠点、課題ばかりが目に付いて、挑戦を止める理由を探しやすくなってしまいます。

「腐す」というのは、人や物事を、自分の中のある特定の枠に当てはめて、枠からはみ出たモノは認めずに否定する感覚といえます。「いや、普通は違うでしょ」「おかしい」「理解できない」といえば、腐すことは簡単です。しかし、腐す感覚を持ちすぎると、自分の中の枠はいつまでも広がらないままです。

自分を変えるには、自分の中の枠を広げていく必要があります。だから、簡単に腐すことなく、人や物事に対してリスペクトを持ち、受け入れてみることです。それができなければ、「多様性」を取り入れるこ

ともできません。

「枠」を広げる面白さに挑戦する
オードリー・若林正恭

　お笑いコンビ「オードリー」の若林正恭さんは、自分や世間の「普通」の枠を決めつけず、相手にも強制せずに、枠が広がることを面白がる笑いを追求している挑戦者として紹介できます。[※45]

　「あちこちオードリー」「激レアさんを連れてきた。」「日向坂で会いましょう」「しくじり先生 俺みたいになるな!!」「オードリーさん、ぜひ会ってほしい人がいるんです。」など、若林さんがMCを務めるバラエティ番組には、「『変な人』と周囲から思われやすい人」を腐すことなく、そのまま受け入れて笑いを生み出す姿勢が貫かれています。

　世間でも、テレビ番組の中でも、多数派が少数派を腐して、ある種、笑いものにする形で笑いを取るのが、よくある構図であり、簡単な方法でもあります。しかし、若林さんは、その簡単な道は選ばずに、「『変な人』と周囲から思われやすい人」に対してリスペクトを持って、面白さ・ユニークさを掘り下げることで笑いを取る挑戦を続けています。
　面白さ・ユニークさについて、「なぜ」「どれくらい」「いつから」などと掘り下げることで、枠を広げて、「すごい」「面白い」として受け入

※45　現代ビジネス「オードリー若林「もうすぐ、マウンティングがダサい時代が来る」」、ORICON NEWS「世界を巡った若林正恭が見つけた、"生き辛さ"から自由になれる方法 結婚生活は「距離感が心地良いです」」を参照。

れられるようにする笑い、といえるでしょう。

若林さん自身、若い頃は、物事を斜めに構えて見ることを、自分の特徴にしていました。「じゃない方」「人見知り」「女性が苦手」などの枠を固めて、腐す笑いを取っていました。

それが、いくつかの出来事や経験をきっかけに、30代後半を迎えた頃から、「斜に構えてたら、人生すぐおわってしまう」と考えを改めたといいます。それ以来、自分の中の「斜め」をなくして、自分の枠を決めつけず、相手にも押し付けずに、枠を広げることを楽しんで、人や物事の魅力を掘り下げる仕事で活躍を広げています。

そんな若林さんに対して、「あちこちオードリー」のプロデューサーの佐久間宣行さんは、「ちょっと前までは、ゲストをどう『イジる』かが MC の腕前だったけど、オードリーはゲストの長所や短所といった凹凸を一緒に『面白がる』んですよね」「楽しむ、受け入れる、引き出す、共感する、若林君の人間力ですね」と指摘しています。[46]

また、同番組にゲストとして出演した星野源さんは、「今のテレビ界の『腐す』という流れに乗りながらも、若林さんは違うところを模索されてる」「日本テレビ界の希望だと思う」と称しています。[47]

ライバルをリスペクトしたうえで
自分の道を作った企業たち

成功を収めているライバルを、腐すことなく、リスペクトを持って受け入れることで、相手を正当に評価できるようになり、自分の進む

べき道を明確にすることもできます。

　ポテトチップスの王者カルビーで、数々の人気商品を手がけたヒットメーカーは、プライベートで食べる商品について聞かれたインタビューで次のように答えています。[48]「他社の製品ですが、柿の種をよく食べています。……柿の種とピーナッツの絶妙なバランスが私の琴線に触れました。あれにはかなわないです。柿の種とピーナッツの個々の美味しさもありますが、バランスが秀逸です。ロングセラー商品ですが、ブランドがブレないのも素晴らしいです」。

　ライバルを正当に評価してこそ、ライバルと「異なる価値」を持った商品開発を、健全にできるようになります。

　デザイン家電のダイソンは、日本オフィスの入口にある自社製品を並べた展示エリアに、ホンダの「スーパーカブ C90」とソニーの「初期型ウォークマン」を並べて展示しています。[49]

　ダイソンでは、これらを「デザインアイコン」と呼んでおり、常識をくつがえした革新的なデザインで、自分たちに新しい気づきを与えてくれる存在としてリスペクトしています。「ものづくりの志」を共有する先達へのリスペクトといえるでしょう。

―――――

※46　テレ東プラス「「おじさんになったオードリーだからできる」佐久間宣行プロデューサーに聞く「あちこちオードリー」裏側」を参照。
※47　テレ東プラス「星野源「一生一緒にいると決めた相手だから全部言える」2人での生活に感動：あちこちオードリー」を参照。
※48　AERA dot.「「堅あげポテト」や「ピザポテト」を開発したカルビーの"神"が「かなわない」ともらした"国民的おやつ"とは」を参照。
※49　Forbes JAPAN「ダイソンのオフィスには、なぜホンダ・スーパーカブが鎮座しているのか」を参照。

長所を探すクセをつける

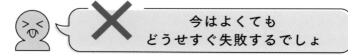

今はよくても
どうせすぐ失敗するでしょ

人や物事に対して、リスペクトを持って受け入れていくためには、まず長所を探すクセを付けておくのが有効です。長所を探し、見つけて、加点して評価していく考え方のことを「加点思考」と呼びます。自分の枠を広げ、成長を続けていくには、この加点思考が大切になります。

反対に、悪いところを探し、見つけて、減点して評価していく考え方は「減点思考」です。減点思考を持ってしまうと、失敗の先に、行動を続けていくことは難しくなります。少し良い側面があったとしても、「でも、あそこはダメだから」「どうせすぐ失敗する」と、自分で自分の粗を探して苦しみ、ふさぎ込んでしまいやすくなるからです。

日本の文化的自己観を持つ人ほど、無意識のうちに、減点思考に陥りやすい傾向にあります。だからこそ、意識して、加点思考を持つように心がけて、人や物事の長所を探すクセを付けることが重要です。2つの思考をどちらも持って、長所も短所も探せばいいと思うかもしれませんが、それでは、どうしても長所が短所によって塗りつぶされてしまいやすくなります。

基本的に、長所を探すよりも、短所を探す方が簡単です。粗を探したり、リスクを妄想したりするのは、いくらでもできてしまうものだからです。面白いアイデアを生み出す人よりも、小難しい理屈を振りかざして批判をする人の方が、一見すると賢そうで有能そうに見えてしまう、という「能弁の罠」と呼ばれる傾向もあります。[※50]

批判が上手い人の方が、組織の中で高い評価を得やすく、出世しやすいとも指摘されていますが、そうした組織は、失敗を避け、挑戦を避けて、結局は成長をストップさせてしまうことになります。

まさしく、日本の多くの組織に当てはまる傾向でしょう。私たちは、もっと自分事として、危機感を持って、「長所を探す」加点思考に振り切って、自分のクセを矯正していく必要があります。

「真似」から開発された TikTok

日本の会社は、「他社と同じことはしない」オリジナル信仰を強く持ちがちですが、アメリカや中国のベンチャー企業には、常に他社の長所を探し続けて、見つけたらすぐに真似して取り入れることで、相手に後れを取らずに競争する姿勢が染みついています。

世界 150 ヶ国以上で利用され、アプリの累計ダウンロード数は 35 億を突破、2020 年代に入ってから「世界で最もダウンロードされて

※50　Harvard Business Review「創造性に関する 3 つのよくある誤解を解く」を参照。

いるアプリ」に君臨しているショート動画SNS「TikTok」は、中国の
ベンチャー企業・バイトダンスが運営するサービスです。[51] TikTokは、
もともとアメリカで2人の中国人が起業した「musical.ly（ミュージカ
リー）」を、バイトダンスが中国国内で真似て開発したものでした。

　真似から始めたTikTokは、AIのレコメンド力の高さによって、ア
プリを開けば、自分で探す必要なく、おすすめの動画が流れてきてス
トレスフリーで楽しめるサービスとして人気を集めていきました。
　特に、ユーザーの好みを学習して、最適なコンテンツを提供するだ
けでなく、同じようなタイプのユーザーのデータに基づいて予測し、「こ
れから好きになるかもしれない」動画も提案できるレコメンド力によっ
て、ユーザーを魅了しました。

　中国国内だけでなく、世界にサービスを広げると、バイトダンスは、
本家だった「musical.ly」を買収し、人や技術を吸収してさらに飛躍を
遂げていきました。真似から始めて、オリジナルの強みや価値を生み
出し、本家を超えていったのです。
　TikTokのショート動画が世界中で人気になると、すぐにアメリカの
YouTubeもInstagramも、当然のようにショート動画機能を真似て取
り入れて、激しい競争が繰り広げられています。

　「人気の何か」や「価値ある何か」があったら、それらを学び、真
似て取り入れることは悪ではなく、当たり前の姿勢であると考えた方
が成長しやすくなることは確かです。日本では、「オリジナルこそ正義」
と考えやすく、「真似」と聞くと、反射的にネガティブなものに受け取

られがちです。しかし、「学ぶは真似る」という言葉があるように、真似の完全否定は、学ぶ姿勢を失うことに繋がるといっても過言ではありません。

真似は上達への近道

　スポーツの世界では、成功者の真似は上達への近道です。あらゆるスポーツで記録が更新され続ける大きな理由は、偉大な成功者の方法を真似て取り入れ、自分のものにしていくことにあります。

　偉大な成功者の練習方法やトレーニング方法、プレーや戦術などを徹底的に分析し、優れた部分を真似て取り入れながら成長し、その先に自分の新しいオリジナルへ発展させることで、選手は進化を続けていきます。ビジネスパーソンも同じように、見習うべき「誰か」の長所を探し、見つけたら、学んで真似てみて、その先に自分の新しいオリジナルを創っていけばいいのです。

意識的に、加点思考のクセをつける

加点思考	減点思考
長所を探す	短所を探す
加点で評価する	減点で評価する
楽観的	悲観的
挑戦を続ける	挑戦を止める

※51　PRESIDENT Online「「少年ジャンプ＋」はなぜ読み切り作品重視なのか…冷めた消費者を振り向かせる緻密な仕掛け」を参照。

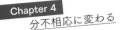
物事を結びつけて考える 習慣を作る

自分には関係ないから

いまの自分を「分不相応な自分」に変えていくとき、バラバラに思える物事を結びつけて考える習慣を作ることで、悩んでいた視界を開けるようになります。「興味ないんで」「関係ないから」と突き放さずに、興味を持ち、面白がって、関係なさそうな物事でも、結びつけて考えてみましょう。

まったく異なる業界の商品やサービスを、自分の業界に結びつけてみたら、どうなるだろう。アイドルのファンとの繋がり方を、自分の会社とユーザーに置き換えて、結びつけて考えてみると、どうなるだろう。スポーツ選手がドキュメンタリーで語っていた「流儀」を、自分の仕事や働き方に結びつけてみたら、どんな変化が生まれるだろう。映画や漫画のクリエイターのこだわりを、自分の個人的な選択に結びつけてみたら、どんな結果に変わるだろう。

他にも、いくらでも、世の中のことを自分と結びつけて考えることはできます。もちろん、結びつけられるのは、自分自身のことにだけではありません。

イノベーションは、「技術革新」と誤訳されることもありますが、正しくは「新しい価値」を意味します。そして、このイノベーションの本質は、「New Combinations（新しい組み合わせ）」です。

イノベーションと聞くと、0から1を生み出すような革新的なものだけが該当するように思われがちですが、じつはイノベーションのほとんどは、「新しい組み合わせ」から生まれているのです。

スマートフォンは、近年の代表的なイノベーションといえますが、0から生まれたような機能はほとんどありません。電話、インターネット、写真、音楽再生、時計、録音、メモ、スケジュール管理など、もともとあったさまざまな機能を1つに組み合わせることで、新しい価値を生み出したイノベーションです。

斬新な組み合わせの発想から生まれた「クリスピーサンド」

ハーゲンダッツの「クリスピーサンド」は、アイスと「タコス」を組み合わせてみる発想から生まれて、新しい美味しさのアイスとして世界中で人気の商品となりました。[※52] 1961年、「大人も満足できるアイスクリーム」としてニューヨークで生まれたハーゲンダッツは、いまでは世界中で愛される「高級アイスの王様」になっています。

そのハーゲンダッツの中でも、日本で「新しいアイス」として開発

※52　PRESIDENT Online「じつはモナカではなかった…世界的大ヒット「ハーゲンダッツのクリスピーサンド」の超意外な生まれ方」を参照。

されて人気を集め、その後、世界に販売を拡大したヒット商品が「クリスピーサンド」です。

クリスピーサンドは、もともと、「片手で食べられて、棒アイスや、モナカやクッキーではさむような既存のアイスとは異なる、新しい驚きのある商品」について検討する企画でした。

あるとき、開発担当者がたまたま訪れたメキシコ料理店で食べたタコスが、偶然の出会いとなります。タコスは、肉や野菜などの具を、トウモロコシから作るトルティーヤと呼ばれる薄焼きパンではさんで食べるメキシコの国民食です。タコスを食べた開発担当者が「タコスのようなサクサク食感をアイスに組み合わせることはできないか」と思いついたところから、商品開発がスタートしました。

これまでもモナカやクッキーでアイスをはさんだり、つつんだりするものはありましたが、どれもアイスが溶けてくると湿気ってしまい、サクサク食感が持続しないものばかりでした。

それに対して、アイスとタコスを組み合わせる新発想で、食べ始めてから食べ終わるまで、ずっとサクサク食感を楽しめる新しいアイスの実現を目指しました。最初は、タコスの形状をそのまま再現する試作品を開発してみましたが、不安定で、なかなか上手くいかずに断念したといいます。

そこで考案されたのが、アイスをチョコレートでコーティングして、それをウエハースではさむ、という３層構造でした。アイスのなめらかな味わいを際立たせるため、チョコレートコーティングは約１ミリの

厚さでパリパリ食感にこだわりました。コーティングには、アイスの水分がウエハースに吸収されないように「壁」の役目もあります。だから、アイスが溶けてきても、その水分でウエハースが湿気ることなく、ウエハースのサクサク食感がずっと楽しめるようになりました。

　ウエハースについても、独特のサクサク食感のために、素材選び、原料の配合率、硬さ、焼き上げる温度などを徹底的に追及しました。

　「新しいアイス」としてこだわり抜いた開発を経て、7年越しで開発されたクリスピーサンドは、2001年の発売開始後、すぐに人気を集め、生産が追いつかなくなって一時販売休止するほどの大ヒット商品となりました。それから20年間の累計販売数は5億個を突破しており、日本だけでなく、世界でも人気の定番ヒット商品になっています。

　クリスピーサンドは、開発担当者が偶然に訪れたメキシコ料理店で思いついた「アイスとタコスを組み合わせてみる」というアイデアから誕生しました。

ロジックを試しに捨ててみる

　このように、「なぜそうするのか」というロジックはいったん置いておいて、思いつきで試してみることによって、ロジックだけでは辿り着けない「新しい何か」に出会える可能性が生まれます。「いつものやり方」で行き詰まったら、一度発想を飛ばしてみて、ロジックや前例から外れた新発想の組み合わせを試してみることで、思いもよらない新発見に出会ってみましょう。

別世界のことにせず、「自分事」化する

あれはちょっと
別世界の話だから

自分にとっての「新しい価値」や、仕事においての「新しい価値」を生み出す「イノベーター（変革者）」になるには、「結びつける力」「質問する力」「観察する力」「実験する力」「人脈の力」という5つの力が重要であることが、イノベーションの研究で明らかにされています。

① 結びつける力

一見、バラバラの物事・疑問・問題意識・アイデアなどを結びつける力で、イノベーターになるための基盤となります。この力を鍛えることで、残り4つの力も育まれるといいます。斬新な発想に辿り着いて実行していけるイノベーターは、多くの人が無関係だと決めつけて見過ごしてしまうようなアイデア・課題・ジャンルを、広く柔軟に結びつける力に長けています。

② 質問する力

いまの常識を疑い、当たり前とされている物事を鵜呑みにせず、疑問を抱く力です。「もしこうなったら、どうなるか」と考えるクセをつけて、「なぜ」や「もしも」といった問いかけで、いまの前提を崩して考える

ことが重要となります。イノベーターになる人は、問題意識の持ち方が上手く、疑う切り口が鋭いのが特徴です。「こんな質問をしたら、変に思われる」「失礼かもしれない」といった言い訳で質問から逃げることを止めて、積極的に質問を投げかける姿勢が求められます。

③ 観察する力

　人や物事を注意深く観察するクセをつけ、誰かの正論に納得したフリはせずに、自分の目で繰り返し観察することで、「新しい何か」を発見する力です。イノベーターは、「意外」「不思議」「変だ」「おかしい」などと感じたら、そこを現状打開の突破口にしていきます。

④ 実験する力

　思いついたら試しに動いてみる力です。失敗を恐れず、まずはチャレンジしてみることが、イノベーターとしての一歩目となります。新しい体験や新しいアイデアを試してみる行動力が重要です。

⑤ 人脈の力

　幅広いジャンルの人と繋がり、そのネットワークから、刺激を受けたり、何かに気づいたり、新しく生み出していったりする力です。特に、仕事においては、まったく人脈のない「孤高の天才」が活躍することは、ほとんど不可能といっても過言ではないでしょう。人とコミュニケーションを取り、繋がり、「新しい何か」を模索する力は、イノベーターにとって欠かせないものです。

　こうした「新しい価値を生む力」を支えているのが、「結びつける力」

です。だから、日本・世界の人や物事に対して、「あれは、ちょっと別世界の話だから」「自分とは関係ないこと」などと考えずに、自分に関係のある「自分事」として、すべてのことを自分に結びつけることは、とても重要です。何かが起きたときや、何かに気づいたとき、それを他人事として流したり、グチを言って終わりにしたりせずに、自分事として、自分に結びつけて、自分で解決するために行動を起こしていくのです。

「自分事」として始まった Facebook と Zoom

Facebook や Zoom は、じつは、創業者の自分事から始まって、それをサービスに結びつけて実現し、世界のビジネスにまで飛躍したものです。Facebook は、2004 年、当時 19 歳でハーバード大学の大学生だったマーク・ザッカーバーグさんによって創業されました。

その始まりは、女子学生とのやり取りに腹を立てた彼が、憂さ晴らしに開発したサイト「Facemash（フェイスマッシュ）」でした。これは、同性同士の写真をランダムで 2 枚並べて表示し、どちらがより「Hot」かを投票していく、ジョークのようなサービスでした。

この Facemash には、公開後 4 時間で 2 万件以上のアクセスが集中し、大いに盛り上がりましたが、写真の無断使用やモラルの問題から訴えられ、大学から謹慎処分を受けてしまいました。

「コミュニケーションを楽しみたい」と思っている人がとても多いことに気づいたザッカーバーグさんが、この反省を踏まえ、プライバシー

に配慮しながら新たに開発したのが「(The) Facebook」でした。リリース当初は、The が付いていた Facebook は、大学内の他者と知り合ってコミュニケーションを気軽に取れるサービスとして受け入れられ、人気を集め、大学内限定だったものを、一般に誰でも利用できるものに変えて、世界中に普及していきました。

　コロナ禍に、無料で利用できるビデオ会議サービスとして世界中に一気に普及した Zoom は、創業者の袁征（エリック・ユアン）さんが、大学生のときにガールフレンドと遠距離恋愛になってなかなか会えないことに悩んだのが原体験となって開発されたサービスです。[※53]

　後に学生結婚をすることになるガールフレンドと、大学進学を機に遠距離恋愛となってしまい、会えるのは年に 2 回だけ、それも電車で 10 時間もかけて会いに行かなければならなかったといいます。

　大学卒業後、袁さんは日本やアメリカで働いていきますが、シリコンバレーの会社で「携帯から簡単に使える会議システム」という、昔の自分がほしかったアイデアを提案したところ、却下されてしまいます。

　そこで、独立して、自分の手でサービスとして実現したのが、Zoom でした。ライバルの多いビデオ会議サービスの中で、Zoom はコロナ禍の際に、いち早く世界中の教育関係者に無料公開したことで、若い世代を中心に一気に普及を広げ、ピンチをチャンスに変えて急成長を果たしました。

※ 53　Smart FLASH「遠距離恋愛のために創業された「Zoom」ついに時価総額 6 兆円」を参照。

環境を変えて、基準も限界も変える

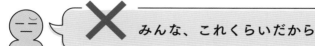

みんな、これくらいだから

「分不相応な自分」に変わるための挑戦に行き詰まったら、自分が所属する環境を変えてみると、挑戦の基準や限界が変わり、また新しい挑戦に踏み出せるようになります。

日本の文化的自己観を経験している以上は、周りから「みんな、これくらいだから」と受ける影響をなかなか0にはできないものです。しかし、それをネガティブなものではなく、「みんなが頑張っているから、自分も頑張れる」「みんなから良い刺激をもらって、エネルギーに変える」といったように、周囲から受ける影響を、自分にとってポジティブな影響として利用することもできます。

これが分かりやすいのが、スポーツの世界です。選手の進化や記録更新には、ライバルと切磋琢磨して競い合える環境が重要になります。ライバルに負けるたびに悔しく思い、相手の強さに嫉妬して、勝つためにはどうすればいいかを必死に考え、行動に移すというプロセスを繰り返すことで成長していけます。だから、多くの選手が「ライバルがいたからこそ、今の自分がある」と口にしているのです。

ライバルがいたからこそその黄金時代

　テニスには、年に4回開催される「グランドスラム」と呼ばれる大きな大会があります。グランドスラムで1度でも優勝すれば、テニスの歴史に名が刻まれます。テニスの長い歴史の中で、グランドスラムで15勝以上を重ねた男性選手はたった3人しかいません。

　驚くべきは、その3人、ロジャー・フェデラー選手、ラファエル・ナダル選手、そしてノバク・ジョコビッチ選手が、同じ時代のライバル同士だったということです。史上最高の選手が同時期に3人も揃っていた異常事態といえます。この異常な黄金時代が、約20年間にわたって続いていました。

　2019年、ウィンブルドン（全英オープン）の決勝戦で、フェデラー選手との死闘を制したジョコビッチ選手は、「自分たち3人は、お互いに刺激し合い、高め合っている」と明言しました。高め合えるライバルがいる環境だからこそ、すぐに満足することなく、進化を続けられるわけです。

　2021年から世界最高峰のサッカーリーグであるイングランドのプレミアリーグで、強豪・アーセナルFCに所属して活躍する冨安健洋選手も、環境を変えることの重要性を指摘しています。[54] 冨安選手は、

※54　Number Web「「同年代の選手とプレーすることは恥ずかしいこと」"アーセナル冨安健洋先生"の白熱教室…アビスパ後輩の疑問に答え続けた3日間」、「「僕は22歳でアルテタ監督に出会って驚いた」冨安健洋が後輩に教えた、アーセナルの"超最先端な練習法"「日本では教わらなかったこと」」を参照。

2022年6月、古巣のJリーグ・クラブであるアビスパ福岡の若い世代を育成するアカデミーと共に、15・16歳の子どもたちに3日連続で特別指導を行う「冨安キャンプ」を開催しました。冨安選手自身が、アーセナルというチーム・指導者・環境に出会えたことで、「現代サッカーの最先端」「世界のスタンダード」を体感できたため、このスタンダードを、自分が引退してから伝えたのでは遅く、今すぐ若い世代に伝えたい、と強く希望して、特別なキャンプを実現させました。

参加した子どもたちと、日本の指導者たちに対して、「世界を目指すには、ここにいてはいけない」「1日でも早くプロになって、厳しい環境に身を置くこと」「みんなのスタンダードの『当たり前にやらないといけないプレー』のレベルを上げよう」と強く訴えかけました。「世界には、17・18歳で、プロに交じってプレーしている選手がゴロゴロいる」と指摘し、今の若い子たちには、同年代の選手と一緒にプレーしていることに満足せず、もっと成長して、上のカテゴリーでプレーしたいと思ってほしい、と熱心に伝えました。

アーセナルで行われている練習メニューには、日本と大きな違いが2つあるといいます。1つは、ポジションごとに練習を分けないことです。攻撃の選手は攻撃だけ、守備の選手は守備だけ、と役割分担をするのではなく、状況に応じてどんな役割もできるようになる練習が採用されていました。もう1つは、選手が、自分自身で試行錯誤できる仕組みの練習を取り入れていることです。日本では、「こうやる」と教えて、それを実践させるイメージなのに対して、アーセナルでは、1つの戦術を試したら、「なぜ上手くできなかったか」「どこが上手くいった

か」を自分たちで考え、次はより良いやり方で試す、というサイクルを重ねる練習が重視されていました。

特に日本では、若い頃に充分な「戦術トレーニング」をしない傾向にあるといいます。つまり、選手自身が頭を使わずに、監督の指示に従うだけになりやすいわけです。そうではなく、15歳頃から、自分の頭を使う戦術トレーニングをすることが、将来の成長に繋がる、と冨安選手は考えました。世界のサッカーは、「この年代で、もうここまで求める」ことを伝えたかったのです。

「冨安キャンプ」に参加した子どもたちは、大きな刺激を受けて、練習中から積極的に質問し、練習後には質問の長蛇の列ができて、冨安選手は約1時間かけて、一人ひとりに対応しました。子どもたちは、それぞれに意識を改革し、その後のプレーでは、自分で考え、試合中にトライ＆エラーに取り組めるように変わったといいます。

歴史上の偉人を振り返ってみても、「天才」と呼ばれるような人は、皆、自分を成長させるために、大都会や、大都会にある大学に環境を移していることが指摘されています。※55「自分がもっと活躍できる環境」や「自分がもっと成長できる環境」、あるいは「自分にとって居心地の良い環境」など、環境を選んで、変えて、新しい環境に身を置くことによって、新しい自分を作っていけるようになるのです。

※55　PRESIDENT Online「田舎は才能をつぶす…イェール大学名誉教授が100人の偉人を調査して分かった「天才」が生まれる条件」を参照。

191

「良い嫉妬」を、「もっと挑戦する力」に変える

別に悔しくないので

挑戦を積み重ねていくのは、やみくもにやって続けられるほど、簡単なことではありません。具体的な目標を作り、そこを目指した方が走り続けやすくなります。

目標として、自分が望むような成功をすでに掴んでいる「モデルケース」となる誰かを見つけましょう。そのモデルケースと自分を比べて、悔しく思うことで、その感情を「自分も追いつけ、追い越せ」と頑張るエネルギーに変えるのです。その感情が、「良い嫉妬」です。

「良い嫉妬」は、「憧れ」と似ていますが、異なる感情です。憧れの場合には、憧れる相手と、自分を比較することはほとんど行われず、自分の現状をより良くしようと頑張るエネルギーにはなりません。また、憧れは、憧れる相手のことを「別世界の人」として、自分とは切り離して考え、ただ純粋に好ましく思うだけで、悔しさは出てきません。

現状と目標を「比較」する

つまり、「良い嫉妬」を生み出すには、まず、目標になるような相手

と自分を比較することが重要になります。多くの物事は、相対評価によって判断できるようになるものです。「すごい」や「成長した」は、「(○○よりも) すごい」、「(□□と比べて) 成長した」というカッコ書きを、無意識のうちに考えている場合がほとんどです。

　物事の好き嫌いに関しては、他者は関係なく、自分だけで絶対評価ができるものでしょう。純粋に好きか嫌いか、自分がどれほど好きか嫌いか、比較対象はなくても構いません。しかし、物事の強み・弱みや、得意・不得意は、比較対象があったうえで、相対評価をした方が認識しやすくなります。

　自分の現状はどうなっているのか。何が得意で、何が苦手なのか。目標として目指したい人や場所と、自分の現状を比べてみて、どれくらい距離が離れているのか。何が足りなくて、どう行動していく必要があるのか。自分の現状の分析も、目標までの道のりも、そのための行動も、相手と自分を比較することで初めて明確に見えてきます。

比較したうえで「悔しがる」

　そして、もう１つ大事なのは、相手と自分を比べてみたうえで、「悔しがる」ことです。「別に悔しくないんで」「自分は自分だから」といって、相手を自分と切り離して捉えてしまうと、「良い嫉妬」は生まれず、頑張るエネルギーにはなってくれません。しっかりと、良い意味で悔しがれることが重要です。

　「良い嫉妬」を行動力に変えることによって、挑戦を続けて、目標を達成できるようになります。だから、「嫉妬する」ということは、生きていくうえで重要な能力であるといっても過言ではありません。

　「嫉妬する」能力の高い人は、自分が望むように、自分を変えていこうとする意識を強く持って、達成するための挑戦を続けていくことができます。

WBC で大谷翔平を見て
悔しさを噛みしめていた村上宗隆

　2023 年に開催された野球の国際大会「WBC（ワールド・ベースボール・クラシック）」は、大谷翔平選手の投打にわたる活躍で、日本代表チームが 3 大会ぶりの優勝に輝きました。日本代表チームは、WBC が始まる前に、調整を兼ねた壮行試合を行いました。

　その 1 つ、中日ドラゴンズとの壮行試合の前の練習で、大谷選手が打撃練習を行うと、日本代表メンバーも、中日のメンバーも、皆が目を輝かせて大谷選手のバッティングに歓声を上げていました。[56]

　大谷選手の規格外のパワーに、まるでプロを見る子どものように、プロ野球選手たちが圧倒されて、憧れのまなざしで見ていました。ベンチから、自分のスマートフォンで動画を撮る選手もいたほどです。

　そんなお祭り騒ぎの盛り上がりの中、ただ一人、村上宗隆選手だけは悔しさを噛みしめていました。みんなが大谷選手を「別次元」「別世界の人」として、自分とは切り離して憧れていた中、村上選手だけは「良

い嫉妬」を強く持てていたのです。

　村上選手は、2022年、日本でホームラン・打点・打率のすべてでトップとなる「三冠王」を、史上最年少で獲得した日本最強のバッターです。しかし、日本代表の他のメンバーたちから、「大谷には勝てない」「レベルが違う」と言われていました。それに対して、「でも分からない」「負けたくない」と言い返していたといいます。

　実際に、大谷選手のバッティングを目にした村上選手は、自分と比べて、その差を痛感し、悔しさを募らせました。そして、すぐにチームのまとめ役になっていたダルビッシュ有選手に、「大谷選手に追いつき、追い越す」ことを目標とした具体的な行動として、「どんなトレーニングをすればいいか」「どんなサプリメントを取った方が良いか」などを相談したそうです。

成長の境界線は「悔しがれるかどうか」

　「すごい」と思う相手を見たとき、自分と比べて、悔しさを抱き、「なんであんなにすごいのか」「自分も目指したい」と思えるかどうか。そこが、挑戦できるかどうかの境界線となります。憧れているだけでは、自分の現状は変わりません。「良い嫉妬」を、自分がもっと挑戦するエネルギーに変えていきましょう。

※56　@niftyニュース「村上宗隆、大谷翔平に対抗意識？　大谷に怒っていたとダルビッシュ有が語る」を参照。

ゲーム感覚で「楽しんだもん勝ち」

ふざけてないで、ちゃんと真面目に

あまりにも真面目すぎると、挑戦を続けるのが少しずつ辛くなっていってしまいます。特に、失敗が重なったとき、真面目なだけでは、気が滅入ってしまいます。だから、挑戦を「ゲーム感覚」で楽しんでみましょう。

日本では、どうしても「みんなが真面目にやるべきものと考えている」ような物事を楽しもうとすると、「ふざけてないで、ちゃんと真面目に」「真剣にやって」と釘を刺されがちです。

しかし、「楽しむ」と、「不真面目」「真剣でない」は、必ずしもイコールではありません。物事を真剣に楽しんで行うことは、不真面目なことでも、悪いことでもないはずです。勉強も、仕事も、楽しんでクリアすることができるならば、それが1番です。ハードなことほど、楽しむ工夫をしてみることが大切です。

近年のマーケティングで注目されている新しい概念に、「ゲーミフィケーション」があります。[※57] ゲーミフィケーションは、ゲームの要素

を、ゲーム以外の活動に使うことによって、実行者のやる気を高めたり、ストレスを削減して集中させたり、目標の達成を促進させたりする効果が期待できるものです。

　もともと「ゲーム化（Gamify）」から派生した言葉であるゲーミフィケーションは、課題をクリアすることで報酬が得られるというゲーム性が基本となります。ネットやSNSを通じて誰かと繋がり、一緒に参加したり、ランキング形式で競い合ったり、その結果をSNSでシェアしたりする「交流」や「社会性」も、ゲーミフィケーションの重要な要素になります。

さまざまな分野に活用される
ゲーミフィケーション

　ゲーミフィケーションは、教育、医療、そしてマーケティングなど、さまざまな分野で活用が進められています。例えば、勉強を続けることは大変ですが、「この問題が解けたら、ご褒美がもらえる」「合格したら、上のクラスに昇格できる」といったようなゲーム性が加わることで、競争意識を持って勉強に没頭しやすくなります。

　医療では、リハビリ治療のような長く厳しい場面で、苦しみを共有できる仲間と一緒に取り組んだり、その様子をSNSで発信したりする

※57　永井竜之介（2023）「ゲーミフィケーション」（『マーケティングの力　最重要概念・理論枠組み集』有斐閣、p.209-211）を参照。

など、ゲームの要素を取り入れると、ストレスや辛さから目線をそらして、頑張りやすくなることが期待できます。

世界中のランナーと繋がれる
NIKE のフィットネスアプリ「Nike Run Club」

　ゲーミフィケーションを活用したマーケティング事例としては、NIKE のフィットネス・アプリ「Nike Run Club」があります。このアプリの機能自体は、自分の走った距離や時間、平均速度、消費カロリーなどを測定・記録するもので、他のサービスと比べて、特別な違いがあるとは言えないでしょう。

　このアプリが人気を集めた理由は、距離や消費カロリーなどのランニング目標を設定して達成状況に応じてレベルが上がったり、友人や見知らぬユーザーと競争してトロフィーを集めたり、その記録を SNS でシェアしたりすることができるというゲーム性にこそあります。
　「Nike Run Club」の公式 HP やアプリで最初に出てくるコピーは、「一緒に走ろう」で、「クラブ」という名の通り、世界中のランナーと繋がりながら楽しめるコミュニティとして人気を集めているのです。

「挑戦と失敗」を楽しむための工夫

　こうした事例と同じように、自分の挑戦にも、ゲーム性を取り入れて、トライ＆エラーを楽しむ工夫をしてみましょう。自分をゲームの主人公に見立てて、「アイテムを集める」感覚で、仕事の部屋や道具を揃えて、

形から入ってみるのもいいでしょう。

「仲間を集める」感覚で、リアルでも、SNS でも、オンラインコミュニティでも、同じように挑戦を志す誰かと知り合い、相談したり、励まし合ったりしながら、もう一歩進んでみるのもいいはずです。失敗したときには、「レベルを上げていく」感覚で、経験値が増えたんだと割り切れば、次の挑戦に向かえるようになります。そして、成果を出したときには、「ゲームをクリアする」感覚で、自分を褒めてあげて、ご褒美の食事や買い物をするのがいいでしょう。

失敗も、ストレスも、ゲーム感覚なら乗り越えやすくなります。仕事も、人生も、「楽しんだもん勝ち」です。せっかく挑戦するなら、その挑戦のプロセスを楽しまなければ、もったいないでしょう。

第 4 章では、挑戦を重ねて、「分不相応な自分」に変わるためのアクションについて紹介しました。この本を通じて、分相応について学び、自分事として自覚して、試しに「分不相応」な行動をしてみて、その行動を続けることで自分を変える、という一連の流れを提示してきました。

その中で、1 番難しくて、1 番大切なのが、最後の「挑戦を続けること」です。多くの人が、自分に「よく頑張った」と言い聞かせて、自分からあきらめてしまいます。だからこそ、ここで取り上げてきた「あきらめないための 10 のアクション」を、ぜひ自分なりに実践してみてほしいと思います。自分のために、あきらめの悪い自分になりましょう。

Epilogue

意識 × 行動で自分の夕

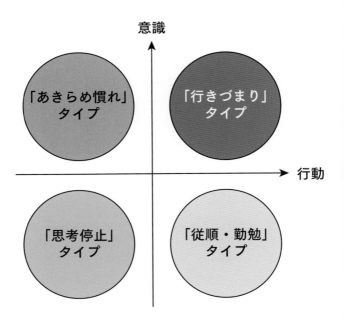

分不相応を目指す「分相応4タイプ」

意識

「あきらめ慣れ」
タイプ

「行きづまり」
タイプ

行動

「思考停止」
タイプ

「従順・勤勉」
タイプ

イ プ を 知 る

分不相応を目指す 「分相応4タイプ」

自分の「分相応」の今と未来を整理する

　この本の最後に、いまの自分が、「どんな分相応の状態にいるか」を整理するマップを紹介しましょう。前ページの図は、「分相応の意識」と「分相応の行動」という2つの軸で、分相応の状態を4つのタイプに分けたものです。

　これは、客観的な数字があるわけではなく、あくまで自分の主観的な感覚で、「自分は今どこにいて、どこを目指したいのか」を考えてみるためのものです。自分なりの現状把握をしたうえで、意識や行動を変えていくのに役立ててみましょう。

　意識と行動は、「高い／低い」ではなく、いまの分相応から「変わる／変わらない」で位置を決めていきます。

① 意識の軸

　意識の縦の軸は、下にいくほど、分相応に鈍く、現状を当たり前化してしまっていて、何でも自分と切り離して別世界のこととして認識しているような状態を表します。
　上にいくほど、我慢して周囲や前例にばかり合わせてしまっている自分の分相応な現状に対して問題意識を持っていて、課題に気づ

き、物事を自分と結びつけて自分事化できている状態となります。簡潔に言えば、「自分の仕事を、もっと面白いものにしたい」と思えているかどうか、で判断してみましょう。

② 行動の軸

　行動の横の軸では、左にいくほど、目の前の仕事や生活をこなすだけで、前例やルーティンに従うままで過ごしていて、分不相応を目指す行動を起こせていない状態を表します。右にいくほど、日々のルーティンに「＋α」の行動を起こせていて、自ら積極的に、色々とやってみる行動力を発揮できている状態となります。

　自分の主観・イメージで、自分のポジションについて考えることになります。そのため、自分に甘いか、厳しいかによっても、位置は変わってくるでしょう。時間が経ったり、経験が増えたりすると、位置を考える基準が変わってくることもあるはずです。でも、それで構いません。あやふやで、移ろいやすいものでいいのです。

　定期的に整理してみながら、自分の「分相応」の現状やこれからについて、考え続けることに、大きな意義があります。

❶「思考停止」タイプ

呪縛に気づき、意識を変える

　左下は、意識も行動も変わらずに「分相応」に身を任している、「思考停止」タイプです。「自分」というものや、自分が身を置いている環境に対して、問題意識を持たず、疑問を抱かないまま、現状に流されている状態です。

　それは、ある意味、誰かから「言われた通りにやるだけ」のロボットのような存在であり、悪い意味で「日本教育の産物」といっても過言ではない状態でしょう。分相応の負の側面に、気づかないまま、分相応の呪縛にかかり続けてしまっています。

　「フツーでいい」「こういうもの」「充分」「ちょうどいい」「別世界の話」「自分は自分」「別に悔しくない」……そうした言葉を口にしながら、仕事や生活の中で我慢を続けている状況にいます。ルールやルーティンに従うだけで、「変えよう」と考えようとはしません。「変えられる」という発想すらないかもしれません。

　自分自身で、自分がいま「思考停止」タイプになっていると位置付けた読者の方は、ぜひ、この本を通じて、まず意識を変えてみてほしいと思います。この本の前半部分を読んでもらえれば、知識とし

て、自分事として、分不相応を目指すことの大切さに納得してもらえるはずです。意識も行動も、といきなり欲張らず、急がずに、まずは意識を変えてみることで、上のタイプに移動してみましょう。

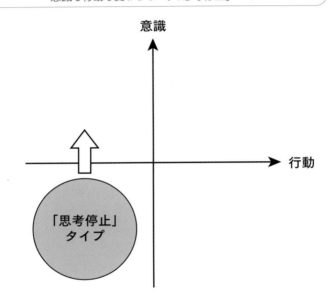

意識も行動も変わらない、「思考停止」タイプ

意識

行動

「思考停止」
タイプ

・問題意識なし、疑問なし、思考なし
・分相応の呪縛に気づかないまま、漂っている
→まずは、分相応の意識を変えてみよう

❷ 「従順・勤勉」タイプ

分不相応を求めて、自分を更新する

　右下は、意識は変わらずに「分相応」を受け入れたままですが、行動は色々と起こしていくことができる、「従順・勤勉」タイプです。このタイプの人は、勤勉で優秀で、処世術にも長けている人が多いといえます。既存のルールを変える気はなく、受け入れたうえで、そのルールの中で結果を出すために、自分で工夫も挑戦もしていけるからです。

　すべてを「そういうものだから」「ルールだから」「ミスだけしないように」「ちゃんとして」といって受け入れ、その上で行動するからこそ、型にハマり、型を守る存在となります。自分を変えず、また変えようとも考えていないのが現状でしょう。このタイプの人にとっては、わざわざ疑問を持ったり、ルールを変えようとしたりすることは、「無駄なこと」「生産性の低いこと」「変なこと」として考えられるわけです。

　従順で勤勉であるため、既存の枠の中で、活躍したり、出世したりできるはずです。しかし、だからこそ、このタイプは、組織や社会の変化と成長をストップさせる原因にもなっています。このタイプが、分相応を受け入れたまま行動を続けると、組織や社会は変わらず、いままま、安定という名の停滞を続けていくことになります。

　自分を「従順・勤勉」タイプに位置付けた読者の方は、分不相応

を求める意識にさえ変われば、すでに持っている行動力を発揮して、いまの自分を「分不相応な自分」へどんどん更新していくことができる人です。現状に何かを我慢している本音を秘めているとしたら、そして、この本の「分不相応のすすめ」というメッセージに納得してもらえたら、ぜひ意識を変えて、上のタイプに移動してみましょう。

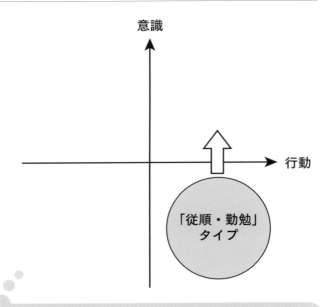

意識は変わらないが、行動は起こしていける「従順・勤勉」タイプ

意識

行動

「従順・勤勉」
タイプ

・勤勉で優秀がゆえに、既存の枠に閉じこもる
・自分や組織を、安定という名の停滞に導く
→分不相応を求める意識を持って、行動してみよう

❸ 「あきらめ慣れ」タイプ

行動してみて、沼から抜け出す

　左上は、いまの自分や環境の「分相応」に対して、問題意識を持てていて、色々と考えているし、経験して分かってきてもいるけれども、行動に移すことはまだ充分にできていない、「あきらめ慣れ」タイプです。

　分不相応を目指す大切さは理解できているし、自分なりの考えも持っているが、どうしても自分に言い訳をして行動を先延ばしにしてしまっている状態です。あるいは、一度、二度と行動に移すチャレンジをしてみたものの、思うような成果が出なかったために、半ばあきらめてしまっている状態も、ここに当てはまります。

　「仕方ない」「しょうがない」「リスクがあるから」「失敗したくない」「どうせ無理」「○○はズルイ」など、グチをこぼしながら、まだまだ我慢を続けています。まだ、既存のルール・セオリー・前例・構造などに受け身のままです。しかし、完全にあきらめきってはいないはずです。分不相応を目指して挑戦しようとする兆しは、心の奥底に秘められています。

　自分を「あきらめ慣れ」タイプに位置付けた読者の方は、ぜひ本

書の後半部分から、「分不相応な自分」に変わるためのマインドとアクションを読み取り、実践してみてください。一歩、もう一歩と踏み出して、行動を変えてみる勇気を持って、「分相応の沼」から抜け出してみましょう。

意識は変わっているが、行動が伴わない、「あきらめ慣れ」タイプ

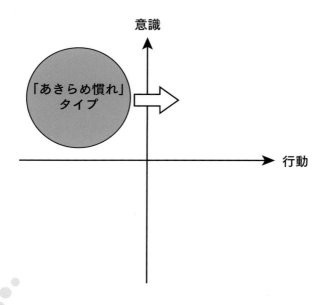

・問題意識あり、思考あり、行動足らず
・言い訳や愚痴に走り、後ろ向きにくじけがち
→まず一歩、もう一歩、行動する勇気を持ってみよう

❹ 「行きづまり」タイプ

もやもやしながら、挑戦を続ける

　右上は、いまの自分から「分不相応な自分」に変わるために、意識も変えたし、行動も変えたけれども、まだ「分不相応」に変わりきれていない、「行きづまり」タイプです。行動を起こしてみたからこそ、分かる難しさ、気づける新たな「分相応の壁」が立ちはだかり、その壁のもとで悶々と悩んでいる状態です。

　「もう、いいや」「充分、頑張った」「○○は運が良かっただけ」「たまたま」「どうせ○○はすぐ失敗する」「今だけ」など、弱音を吐いて、くじけそうになっているかもしれません。挑戦の道のりには、目標を目指して前に進もうとする限り、新しい「分相応の壁」が現れ続けます。どこかの時点で、「もう、本当によくやった」と納得して、その地点を「自分にとっての正解」と考え、「分不相応な自分」になれたと、自分自身にOKサインを出してあげることも大切です。でも、それは、本当に後悔なく、納得できてからに取っておきましょう。

　自分を「行きづまり」タイプに位置付けた読者の方は、変わるためのアクションを実践して、ぜひ、もう一歩、二歩と挑戦を積み重ねてみてください。ときに、くじけて、左の「あきらめ慣れ」タイプの方に戻ることもあるかもしれません。そのときは、少し休んでから、

また次の挑戦を起こして、右に移動してみましょう。そうして、「行きづまり」と「あきらめ慣れ」を行ったりきたりしながら、自分が納得できるところまで道を開拓できたら、そこが、誰が何と言おうと、自分が「分不相応」に変われたゴールと考えていいのです。自分の選んだ道を、自分のペースで、自分の足で進んでいきましょう。

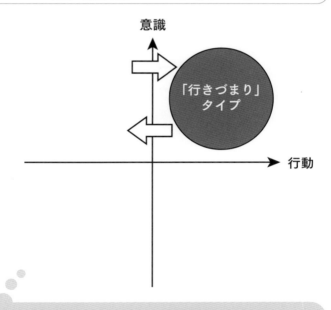

まだ充分な成果を掴めていない、「行きづまり」タイプ

・分不相応を求めて行動するも、壁が立ちはだかる
・「行きづまり」と「あきらめ慣れ」を行ったり来たり
→もやもやした思いを抱きながら、納得するまで挑戦してみよう

あ と が き

　この本は、エッセイのように気軽に「ある、ある」「そう、そう」と共感しながら読み進めてもらえる1冊でもあり、マーケティングの知見を軸として、仕事の現場に立つビジネスパーソンたちへ、価値ある学びや気づきを届ける1冊でもあります。

　私は、この数年にわたって、マーケティングやイノベーションに関する専門書・ビジネス書を書いてきましたが、書けば書くほど募ってきたのは、「もっと人にフォーカスした本を作りたい」という想いでした。マーケティングの理論や事例に依存するよりも、もっと人の価値観を核とした本を作りたいと切望して、アイデアの試行錯誤を重ねました。

　『分不相応のすすめ』は、私がまさしく「こういう本が作りたい」と何年も思い続けてきたパッションを形にできた1冊です。奇跡的な巡り合わせで執筆の機会を頂き、真の意味で「本作り」を共に担ってくれた担当編集の渡邊亜希子氏、そして新しい出版社「CROSS-POT」へ、心からの感謝を記します。

　大学教員として学生たちを教える場面、社会に出た教え子たちの相談に乗る場面、学外でさまざまなビジネスパーソンたちと仕事をする場面、あるいはプライベートの友人たちと歓談する場面……じつにさまざまな場面で、私は、人がその時点の自分にとっての「分相応の壁」

を乗り越えるために挑戦しようとしながら、組織や周囲の「分相応の空気」に邪魔をされて苦しむ姿を見てきました。あるいは、自分自身で「分相応の沼」にハマりこみ、それを言い訳にして停滞してしまう姿を見てきました。

しかし、同時に、「これくらいでいいんだ」と分相応を良しとする思いを半分は本音としながらも、「本当はもっと変わりたい」と分不相応な挑戦・成長・飛躍を望む、もう半分の本音を秘めた姿も、この目で見てきました。あきらめたように見えて、本当はあきらめきれない本音を、多くの人が心の奥底に隠し持っています。そのあきらめきれない本音こそ、分不相応を目指す兆しとなります。

顔を思い浮かべられる教え子や友人に始まり、日本の多くのビジネスパーソンまで、日々を懸命に生きる一人ひとりが、自分の仕事をあきらめずに「次の挑戦」の一歩を踏み出す。その背中を少しでも押して、支える役に立てれば、著者冥利に尽きる思いです。

私は、原稿に向き合うとき、恩師である早稲田大学 名誉教授の鵜飼信一先生の言葉を思い起こします。「現実の周りをうろつくな、本質に切り込め」「自分の価値観を出すことを怖れるな」とよく優しいエールを頂きました。

研究者として、大学教員として、「分相応の壁を乗り越えたい」と特別な思いを抱いて以来、私は多くの原稿を書いてきました。書籍の他にも、Web メディアで記事を連載する機会に巡り合うなど、年々、

新しい挑戦を楽しめている思いです。ただ、その道のりの中、自分で「分相応の沼」にハマりそうになったり、周囲の「分相応の空気」に出くわしたりすることは少なくありませんでした。けれども、恩師だけは、「自分の道を切り拓いていけばいい」「他の仕事はセーブしても、書く仕事は続けておけ」と常に背中を押してくれました。「自分なりの正解」を創っていく日々で、そのエールがどれだけ有難かったことか。この場を借りて、普段は伝えられない感謝を記させて頂きます。

　「私らしい挑戦」を応援し、サポートしてくれる妻や家族にも、感謝の気持ちを記します。4歳と7歳の息子たちが、10年後、20年後に、この本から学びや気づきを受け取ってくれたら、とても幸せなことです。

　私自身の「また新しい挑戦へ踏み出したい」という、「次の分不相応」を目指す、秘めた熱い思いと共に、本書を締めくくります。

　　　　　　　　　　　　　　　　　　　永井竜之介

参 考 文 献

- Cavanaugh, Lisa A. (2014) "Because I (Don't) Deserve It: How Relationship Reminders and Deservingness Influence Consumer Indulgence,"Journal of Marketing Research, 51(2),218-232
- Van de Ven, Niels, Marcel Zeelenberg, and Rik Pieters (2009), "Leveling Up and Down: The Experience of Benign and Malicious Envy," Emotion, 9(3), 419-429
- 井上裕珠（2020）「特性としての二種類の妬みが消費者行動に及ぼす影響」日本大学商学部『商学集志』90(1)、189-207
- 江口圭一・戸梶亜紀彦（2011）「職業生活において文化的自己観と労働価値観が組織市民行動に及ぼす影響：若年労働者を対象とした研究」『産業・組織心理学研究』24(2)、89-101
- 太田肇（2022）『何もしないほうが得な日本 社会に広がる「消極的利己主義」の構造』PHP研究所
- 北山忍（1994）「文化的自己観と心理的プロセス」『社会心理学研究』10(3)、153-167
- 駒田純久（2013）「商業教育の変容と商人像」『商学論究』関西学院大学商学研究会、60(4)、219-232
- 是枝裕和・樋口景一（2016）『公園対談 クリエイティブな仕事はどこにある？』廣済堂出版
- 柴田昌治（2022）『日本的「勤勉」のワナ まじめに働いてもなぜ報われないのか』朝日新聞出版
- 下司忠大・小塩真司（2016）「特権意識の構造と特徴—3つの特権意識に注目して」『パーソナリティ研究』24(3)、179-189
- 鈴木智子・阿久津聡（2012）「消費行動に対する文化的自己観の影響に対する考察 ～弁証法的自己観に着目して～」『マーケティングジャーナル』32(1)、75-87
- 高田利武（1999）「日常事態における社会的比較と文化的自己観−横断資料による発達的検討−」『実験社会心理学研究』39(1)、1-15
- 永井竜之介（2022）『マーケティングの鬼100則』明日香出版社
- 永井竜之介（2021）『嫉妬を今すぐ行動力に変える科学的トレーニング』秀和システム
- 永井竜之介（2020）『リープ・マーケティング 中国ベンチャーに学ぶ新時代の「広め方」』イースト・プレス
- 永井竜之介（2020）「嫉妬が消費者とビジネスパーソンに与える影響」『高千穂論叢』55(1・2・3)、33-46
- 永井竜之介・村元康（2019）『イノベーション・リニューアル 中国ベンチャーの革新性』千倉書房
- 任玉洁（2019）「過剰適応に関する文献的研究と今後の課題」『大学院研究年報』中央大学大学院研究年報編集委員会、48
- 日潟淳子（2016）「過剰適応の要因から考える過剰適応のタイプと抑うつとの関連──風間論文へのコメント──」『青年心理学研究』28(1)、43-47
- 一言英文・松見淳子（2004）「文化と文化的自己観」『人文論究』54(2)、55-70
- 村元康・永井竜之介（2018）『メガ・ベンチャーズ・イノベーション』千倉書房

著者

永井竜之介（ながい・りゅうのすけ）

高千穂大学商学部准教授。1986年生まれ。早稲田大学政治経済学部経済学科卒業、同大学大学院商学研究科修士課程修了の後、博士後期課程へ進学。同大学商学学術院総合研究所助手、高千穂大学商学部助教を経て2018年より現職。専門はマーケティング戦略、消費者行動、イノベーション。日本と中国を生活拠点として、両国のビジネス、ライフスタイル、教育等に精通し、日中の比較分析を専門的に進めている。主な著書に『マーケティングの鬼100則』（明日香出版社）、『リープ・マーケティング　中国ベンチャーに学ぶ新時代の「広め方」』（イースト・プレス）がある。

装丁、本文デザイン　　華岡いづみ
編集、DTP、図版　　　渡邊亜希子（株式会社 CROSS-POT）

分不相応のすすめ
詰んだ社会で生きるためのマーケティング思考

2023年11月23日　第1刷発行

著　者　永井竜之介
発行所　株式会社 CROSS-POT
　　　　〒134-0013 東京都江戸川区江戸川 6-35-2
　　　　オフィス古川2階
　　　　ホームページ　https://www.cross-pot.co.jp
　　　　お問い合わせ　info@cross-pot.co.jp
印　刷　株式会社シナノパブリッシングプレス
@Ryunosuke Nagai Printed in Japan
ISBN978-4-911194-00-3　C0036